Mi querido Raulé,

Mucho me has hablado de tu mamá. Y con razón. En este librito, escrito por ella con tanto cariño y sabiduría, se ve claramente su influencia en tu vida. De tu madre viene, sin duda, tu gran amor y respeto al ser humano, la educación y la patria.

¡Que orgullosa se sentiría de ti!

Espero que esta versión de su libro, en inglés y español, sirva de recuerdo, para ti y para toda tu familia, de alguien muy especial quien ha formado tu espíritu y tu conciencia.

Con todo mi amor,

Ana María

EN UNA ESCUELA PÚBLICA

1954

Escrito por

Emilia Álvarez de Velasco

Dedicado a Raúl E. de Velasco

Emilia & Raúl de Velasco

Emilia Álvarez de Velasco

Emilia de Jesús Josefina Álvarez y Melón nació el 28 de mayo de 1914 en La Habana, Cuba y falleció el 6 de abril de 2004 en Miami, Florida.

Emilia se casó el 21 de septiembre de 1940 con Raúl Víctor de Velasco Guzmán. Tuvo dos hijos, Raúl Emilio y Rusela de Velasco Álvarez, y 10 nietos.

EN UNA ESCUELA PÚBLICA

Emilia Álvarez de Velasco

EMILIA ALVAREZ Y SU LIBRO

Por Flora María Mousset de Romañach

Emilia Álvarez fue una muchachita encantadora. Ahora, como madre y maestra, sus prestigios han hecho subir sus encantos y la tenemos, en floreciente juventud, con su libro terminado. "EN UNA ESCUELA PÚBLICA" se llama esa recopilación breve, sucinta, de sus impresiones en el aula, cotejándolas con las de las que fue su Escuela, como alumna.

En la escuela 15, en Camagüey, en esa época todavía de esplendor para la Escuela popular, Emilia y Vera, las dos hermanas, igualmente buenas e inteligentes, era, no obstante, antitéticas: Vera, serena, paciente, dibujando primorosamente aquellos mapas en encerado negro, detallados con tinta blanca, aquellas miniaturas exquisitas, era dominada por su hermana menor, por la inquieta Emilia, la de la risa siempre en carcajadas, en contraste inmediato con los gruesos lagrimones que su sensibilidad le provocaba.

Si fuéramos a escribir todas las originalidades de Emilia no acabaríamos, y recordamos esa escena cargando Vera sobre las espaldas de su uniforme un dibujo pintoresco que le trazara Emilia a pesar de su resistencia, tratando de evitar la maldad que iba a originar desórdenes en el aula.

¿Y sus cuentos? Eran tan sinceros como sincero es su Libro. En aquella época, la Escuela 15 estaba favorecida de "literatas". Recordamos esos temas de composición de Ángela Flora de Quesada, que elevaba sus conceptos al cielo. Emilia no subía tanto, pero escribía tan a lo vivo que sus impresiones la retrataban con singular maestría.

Hoy es Emilia una maestra de Escuela Pública, aquí, en la Habana. Tiene un aula de varones, de sexto grado, frente al Lyceum, la generosa y culta Institución femenina a cuya Biblioteca concurre Emilia con sus alumnos.

Los muchachos quieren tanto a su maestra que han sido ellos los que han logrado la creación de su librito, todo sinceridad y emoción. Tanta espontaneidad parecería una muchacha si no fuera, a la vez, tan reflexivo. Leyendo las pruebas, pensábamos que pudiera interpretarse mal la intención de su contenido, tal es su sinceridad; pero Emilia tiene a su lado un censor decidido, Raúl, su excelente esposo, el ya famoso médico, y sus dos hijos, Rusela y Raulé. Hay que fijarse bien en el nombre del hijo: Raúl por el padre y la "é" final por la inicial del nombre de la madre, que da énfasis al simpático y original "Raulé".

Pues bien, con esos tres amores y buscando a su vieja maestra que siempre la ha querido mucho, Emilia se decidió y su manuscrito fue la imprenta de un pariente que la animó muchísimo, saliendo a la luz, pulcro y delicado.

Tanto detalle escrito así, a su modo, como cuando era niña, pone en sus palabras la inquietud de su espíritu que va más allá del constreñido programa escolar y rebosa el contenido de la copa llena de rica miel para despertar más avidez en el alma de sus muchachos casi adolescentes.

En el alma de esos muchachos de 6to grado que algunos, por dolorosas circunstancias, concurren al aula primaria en pleno período de transición física y síquica cuando más necesitan la simpatía que despierte su somnolencia y vigorice su espíritu.

En esa hora y para ese momento, es el librito de Emilia, ternura eficaz que da matriz definido a las reacciones del muchacho urgido de comprensión, necesitado de confidencias.

Si el Magisterio cubano contara con elemento suficiente, tipo "Emilia Álvarez", la Escuela nacional estaría salvada.

Asevera esta afirmación toda la lectura del precioso librito.

La Habana, septiembre de 1954.

El porqué de este Librito

Ha surgido porque mis discípulos lo han

querido. Fue en abril cuando escribí unas líneas para
hacerles ver que faltaba muy poco tiempo para el
examen final. Necesitaba que ellos imprimieran
mayor esfuerzo. Las escribí en la pizarra usándolas
como ejercicio de lectura, no se borró hasta que llegó
el último, las leyeron y copiaron por su voluntad, pues
yo no lo pedí.

Los llamaron: "su manifiesto". Tanto les gustó,

que hasta lo leyeron un viernes en el Acto Cívico para
que los demás niños también se apuraran …

Después escribí un suceso ocurrido en clase, se

los leí y para mi asombro, ¡todos querían que
escribiera algo de ellos! Precisamente en esas notas
revelo sus defectos … así se han superado mis
discípulos.

Sé que ellos me recordarán, me siento muy

contenta proporcionándoles estas notas como
recuerdo de su último curso en la Escuela Primaria.

Además recopilé con esos "sucesos" lo que he creído más necesario.

No he luchado todo un curso para vencer un programa … cuando esa puerta de nuestra Escuela se abra cual ancha es, y ellos pasen hacia fuera, irán no sólo con un certificado de sexto grado sino con un concepto claro de la vida y como han de comportarse en ella para triunfar.

EL MANIFIESTO

Ya pasó la Semana Santa, solo faltan de veinte a veinte y cinco días para la prueba final. ¡Tienen ustedes que probar a sus padres, a ustedes mismos, que mi esfuerzo no ha sido inútil! ¡Los sacrificios han dado su fruto! …

Vuestros padres reconocerán la labor realizada, pero creo, yo la comprendo aún más. Sé que mis alumnos de este curso 1953-1954 son muchachos dignos. Sé de vuestros trabajos extra-escolares, sólo hay uno de mis muchachos que no trabaja, ¡pero también es el que estudia más!

Yo me siento contenta porque trabajan y estudian; aunque esto último lo pueden hacer más y mejor ¡falta tan poco! …

Fuera los paseos inútiles, las noches de parque. Han de rechazar todo lo que sea perder tiempo. Han de dar el estudio todos los minutos libres del día. Presiento que si siguen mis consejos hemos de tener un fin de curso muy feliz …

¡Qué orgullo tener ya el Certificado como prueba que vencieron la primaria…! Entonces me recordarán ustedes y al tenerme presente lo harán con estas palabras que he grabado en sus mentes … **He de respetarme a mí mismo. He de respetar a los demás … Yo sabré hacerme respetar"**

No quiero más ... Las palabras anteriores serán el resorte que les abra las puertas alcanzando la verdadera alegría del alma: ¡trabajar en lo que les guste!

OTRO TRABAJO

Él ha cogido otro trabajo, no sólo llega tarde sino que ha faltado muchísimo. Ha perdido algunos exámenes. No pudo coger su buen pupitre de antes. La maestra lo observa, se ve inquieto. De pronto dice:

-¡Ya lo saben, mañana tienen que dejarme mi pupitre!

Ella lo mira y le contesta: "Para dirigirse a sus compañeros usted no puede hablar en esa forma; aunque tuviera el derecho de exigir. Puede pedir de favor que le reserven su puesto porque no piensa faltar más, ¿comprende?

-Usted será muy importante y le felicito. Estoy enterada que tiene un nuevo puesto, sabe desempeñarlo y gana más dinero. Tiene que comportarse como un hombre; pero escuche: no sólo es el dinero cuando se gana con tanto esfuerzo lo que hace del niño, un hombre". (La maestra aprovecha bien su oportunidad)

-Que no sepa yo algunos de mis discípulos, porque trabajen, lleguen a considerarse con derecho a exigir y espero que esto lo tengan bien presente en mi aula. Me gustaría que también fueran así en sus casas. No se sientan tan importantes, porque trabajen. ¡Al fin solo cumplen con su deber! Quisiera conocer a sus padres para felicitarlos, pero quisiera también saber que ellos no toleran la falta de respeto de sus hijos que, creyéndose hombres porque trabajan, exigen ciertas atenciones. Ustedes ya van por delante de muchos niños de su edad, porque han empezado a enfrentarse con la vida antes de terminar sus estudios; pero que eso, los haga cada día más dignos, más respetados, y no tontos déspotas de los que los rodean …

-Mañana volverá a usar el pupitre de hoy … ya veremos otro día."

DE LA CLASE DE DIBUJO

Ha pasado la visita del Inspector de Dibujo.

El dibujo del natural ha complacido al inspector, la maestra se nota que está contenta porque los alumnos se ven tranquilos, orgullosos de sus trabajos.

Pasan dos días, llega el momento de la aplicación de aquella clase tan bonita, hay disgusto en el aula, la inspección de ellos ha pasado.

Ya no vemos a la maestra contenta, habla para hacernos trabajar, hasta que al fin va preguntando uno a uno que hacemos fuera de la escuela. ¿No lo sabrá ya bastante? Pero sigue, pregunta nuevamente: "Te gusta ser repartidor de pan y a ti parqueador, y a ti sirviente? etc." ¡Ninguno está conforme!

Ella se pone muy seria; pero al momento se echa a reír y con ella todos nosotros. "Entonces a nadie le gusta lo que hace y ¿por qué lo hacen? -¡No queda más remedio, no hay otra cosa que hacer, no están preparados para otra cosa! Yo sé que sus trabajos lo desempeñan muy contentos, porque el panadero paga y ustedes tienen que repartir el pan. Y la señora paga al sirviente y éste ha de servir a conciencia ya que ella no tiene la culpa de que a él no le guste ese trabajo.

Ustedes tienen que vencer un programa para alcanzar el certificado, esta asignatura es parte de ese programa que hay que vencer. Hay que estudiar y prepararse bien para encontrar más tarde el trabajo que al hacerlo nos haga sentir felices.

-¿Saben lo que es un "hobby"? –Es una labor que se hace con placer, sirve de escape a muchas de esas personas porque el trabajo que desempeñan no les da la felicidad, o simplemente uno que su trabajo es de tipo sedentario, mental, escoge una labor de tipo muy distinto ¿comprenden? ¿Quién sabe si éste sea el escape que encuentren ustedes cuando vengan de hacer un trabajo que no los hace felices?

¡Un "hobby! ¡Un "hobby"! –Los trabajos se empiezan, los trabajos se terminan. La señorita opina que servirían para inspirar a un diseñador de telas!

UNA INJUSTICIA

Estudió la planta, recopiló palabras, más tarde con ellas hizo un dictado, revisó y entregó. Hay un alumno que no está conforme y se subleva.

–"Ápice lo escribí con c. Bote esos espejuelos señorita, que no le sirven para nada".

Silencio en el aula, la maestra lo mira y le habla así:

-"Usted cree que no sirven? ¿Qué derecho tiene usted para hablar como lo hace? ¿Por qué se cree, injustamente calificado?" Usted puede con todo respeto decirme: -"Creo que esos espejuelos no le están bien, fíjese, yo escribo la c que se parece mucho a la s, por eso se confundió usted". Pero nunca con ese estilo, aparentando que es un niño sin educación.

Pasa un día y la maestra pide ayuda.

-"Por favor yo quiero que hoy recordemos la anécdota del ciego y del cojo. Estoy sin espejuelos. Un niño opinó que mis espejuelos no servían, ese mismo día fui a rectificarme la vista. ¡Por favor! Estoy sin espejuelos, pero ustedes tienen buena vista, ¿quieren dictar estos ejercicios de Aritmética de números tan pequeñitos?"

Más tarde el niño "injustamente calificado" se acerca a la maestra:

-"Señorita, me agra usted porque su lema es la sinceridad".

LA LOTERIA

Ya estamos en mayo, hoy la maestra ha llegado con hojas de lotería ya vencidas. Se las ha entregado a ese alumno que, desde el primer día, a sus palabras incitándolo para que estudiara, siempre decía:

-No se ocupe señorita, cuando yo me "saque la lotería" ¡no pongo un pie más en esta aula!

Todos nos reíamos, ¡hasta la señorita! Lo decía con tal gracia; aunque nuestra maestra, ¿para qué negarlo?, se quedaba después tan seria, yo no diría seria, más bien triste …

Hoy ha llegado contenta y se reía cuando le entregó las hojas de lotería, ¿es que has encontrado la manera de darle al condiscípulo la lección precisa y con ella el empujón que necesita para caer de cabeza en los libros?

-"Te doy estas hojas porque ya tú ves mis libros de Aritmética y Lenguaje están sin forrar y este papel es muy bueno, ¡el mejor que hay! ¡Para algo han de servir estas hojas de billetes! ¿No lo crees tú? Observa este papel, tiene brillo, es fuerte, si lo usáramos para forrar, solo una vez al año forraríamos los libros, es magnífico!"

¡Cómo insiste ella en las propiedades del papel!

-Óyeme, estamos al final del curso y tu lotería aún no ha llegado, pero si ha llegado el fin de curso. El esfuerzo que te pedí desde el primer día no lo alcancé, ¡soñabas tanto! Antes de que "llegue" tu premio de lotería es necesario que te prepares. ¿Sabrías tú administrar una cantidad grande de dinero?

-Yo sé que comprarías una casa a tu madrecita que tanto quieres y la llenarías de confort, pero, podrías mantenerla?

El dinero en manos de los que no están preparados es agua que se escapa entre los dedos. ¿No han visto ustedes personas que están en la indigencia y hablan y hablan de las riquezas pasadas? Hasta cierto punto miran lo que no saben, con cierto respeto; el que sabe algo con lástima, otros con desprecio. Todos los casos no son iguales, pero la mayor parte de ellos no son dignos más que para tomarlos como una lección que se aprende oportunamente.

Quizás esos individuos imaginaron que esa riqueza seria siempre suya. Ignoraban que para conservarla debían prepararse. Y ¿Qué me dicen de esos otros, con conocimiento de su poca preparación, temiendo ser engañados, no invierten el dinero ni para proporcionarse la comodidad más indispensable y mueren miserables, rodeados de su dinero, guardado en la forma más inverosímil?

Hablemos de la lotería de nuestro país. Lo mejor es que nunca hubiera existido, pero ya existe, si la suspendieran se haría mucho daño, de ella viven tantas personas.

Sus sorteos a beneficio de Asilos, Colonias Infantiles, etc., son realidades que se cubren con los sueños de tantas personas como tú.

-¿Quién no ha soñado con un premio de lotería? Ahora ha llegado vuestra oportunidad, ustedes podrán reírse de mí. He soñado con esa fortuna, vi en mis sueños como fui a la agencia de esas máquinas pequeñas; si, esa de nuestra esquina, compré una, me vi dentro de ella, ni me asusté cuando saqué la cabeza y vi a mi lado un ómnibus de esos grandotes.

-He soñado con derrumbar esta escuela y hacer un edificio grande en otro lugar con un patio dividido en dos, con buenos bebederos, con servicios higiénicos perfectos, que su hedor no nos perturbe como hacen los nuestros.

-El patio para los grandes tendría todo lo necesario para que ustedes hicieran sus deportes. Quisiera un pequeño salón de biblioteca; con aulas ventiladas para que cuando llegara nuestro verano agotador, no hubiera en horas de clases, camisas desabrochadas, porque tendríamos magníficos ventiladores, ¡o sabe

Dios si hasta aire acondicionado! ¡Me he entusiasmado tanto ¡que ya no tengo calor!

-Por favor, cuando piensen en la lotería sepan que sus pensamientos son sueños, ¡vivan en el presente, estudien, prepárense! Si ella llega, sabrán convertir sus sueños en realidad, y si no llega sepan hacer sus sueños una realidad más hermosa aun, por medio del esfuerzo alcanzado **sólo: por la preparación que da el estudio.**

EL JUEGO DE LA LATA

-¿Conoces el juego de la lata? Escúchame, lo aprenderás en seguida, aunque ya eso no lo practicamos. Te contaré como fue su último ensayo, ¡cómo si lo estuviera viendo!

Es la hora del recreo, ella pidió que recogieran los papeles, está entretenida en la mesa revisando unos trabajos.

Recogen los papeles pero no llevando los papeles al cesto ¡no! Se pasan el cesto, que no es cesto sino una de esas latas, aquellas en que venían las galletas de la merienda en tiempos pasados y si se cae hace un ruido; el que la recibe tiene que cogerla en el aire …!se cayó! La maestra se la arrebata a uno de ellos, al más alto, a ese que casi mide 6 pies. Muy disgustada y aprisa la lleva para el patio. ¡Paf! ¡Se cayó la maestra, con lata, papeles! Tú sabes que el piso tiene sus hoyos; aunque nosotros hemos cementado algunos. Terminó el recreo y le preguntamos:

-¿Se dio, se lastimó mucho la rodilla? –¡Ella está tan brava!

-¡Que no se vuelva a repetir, son culpables de esa indisciplina, de mi caía, ¡usted!, ¡usted!

-Está bien señorita, pero no de su caía, de ella la tienen esos tacones que usted trae.

MARTES

Ella viene con zapatos bajitos y se lleva la lata del aula, digo, el cesto.

MIERCOLES

Parece que vuelve a rectificar, viene con sus zapatos altos y coloca lo que debiera ser el cesto en su lugar.

UN NIÑO NUEVO EN EL AULA

Estamos en la clase de Lenguaje, en una prueba del dictado, ella dice:

-La mujer es lo más bello de la creación y si hablo de mi madre, digo que es el Sol, que ilumina nuestro hogar, etc., etc. Martí dijo: "Interrumpe el niño nuevo con una de esas frases vulgares, tan frecuentes en nuestro lenguaje. Sonriente se vuelve hacia sus compañeros, esperando con la risa de ellos, la aprobación de su chiste; la risa se le corta, los niños lo miran …! Finalmente miran a su maestra!

-Mentes ágiles en acción. ¿Usted? ¡Es de admirar! Pero cuando se tiene esa facultad se aprovecha en cosas que enaltezcan, que coloreen los instantes de la vida haciéndolos más vivos, pero no para ridiculizar y menos si se nombra a la figura más pura de nuestra Patria.

-Te has vuelto hacia tus compañeros esperando que tu chiste se deshiciera en risa, pero ya ves, no ha tenido eco en ellos; es que tú eres nuevo, no sabes que en esta aula hay alegría; pero que la falta de respeto aquí no tiene resonancia. Tus compañeros que empezaron el curso, desde el primer día saben que aquellos que hicieron posible nuestra Patria libre, son traídos por mi muy frecuente porque me sirven de inspiración; no estoy disgustada contigo, sé que esto no se volverá a repetir.

La tensión insoportable que nos dominaba se deshace y ella sigue dictando:

-"Martí dijo"

Hace una gran pausa como esperando, nos mira a todos, nos sentimos en suspenso y su voz emocionada antes, ahora vibra de contento.

-"No pegues a una mujer ni con el pétalo de una rosa!"

MACEO Y MARTI

Hay figuras tan extraordinarias en nuestra historia que es un placer hablar acerca de ellas.

Hoy quiero hablarles de dos figuras reunidas; pero no para compararlas; Maceo y Martí.

He sentido ese deseo porque cuando era maestra del primer grado, los niños discutían entre sí y se formaban dos bandos, hasta que por fin como ni uno ni otro se ponían de acuerdo, tenía que decir yo:

-'No quiero más discusiones, olviden eso, los dos son igualmente grandes".

Fácilmente yo ponía fin, en un grado como el primero, pero hace tres cursos que estoy en sexto grado y todos los años vuelve a surgir la misma discusión y como siempre, se forman dos bandos: "Que Martí fue más grande, era orador, poeta, maestro, formó partido, etc., etc."

-Sí, pero en su primer encuentro murió. Maceo fue más grande, peleó en la Guerra de los Diez Años y en la de Independencia. Martí no peleó en la Guerra de los Diez Años porque era muy chico, ¿no recuerdas aquella poesía "10 de Octubre"?

-Si no hubiera sido por Martí, la guerra de la Independencia no hubiera sido posible

-¿Para qué continuar? El único placer que me da escucharlos es que ambos bandos se conocen bastante bien la vida de nuestros dos patriotas. Lo que ocurre es que a unos les gusta Martí porque las cualidades de él les entusiasman; en otros, la valentía de Maceo, el guerrero de tantas cicatrices, les causa admiración y sienten en su interior el ansia de imitarlo.

-Escúchenme bien, se comparan cosas semejantes, pero nunca a estas dos figuras, Martí, blanco delicado; Maceo, un mulato fuerte idos razas que se unieron para darnos ejemplos de igualdad!

-Para mi esas dos figuras fueron purísimas líneas convergentes, allí en el punto preciso donde vinieron a unirse, murieron ambos por un mismo ideal.

-Martí trazó un camino, marchó por él sin pronunciar una queja y fue además clarísima luz que iluminó esa senda.

-Maceo, el valiente, levantando muy alto su acero fulgurante, impulsaba con su ejemplo a luchar y vencer.

-¿Es posible separar esas dos figuras para compararlas? No, por favor, jamás los comparen

...llévenlos unidos, que sean ellos guía y luz en el camino de vuestras vidas.

LOS PREMIOS

A todos nos gusta ganar un premio, pero no se confunda el discípulo soñador de loterías ...Me refiero al premio que se gana por buenas labores en la escuela, a todos nos gusta; pero todos no pueden ganarlo. Lo logran aquellos que son constantes en el estudio día tras día.

Cuando pequeña quise ganarme una medalla, todavía recuerdo aquella mañana en el Teatro, al imponerse las medallas, ¡Cuánto sufrí! Afortunadamente se me pasó pronto, comprendí que no me la merecía; pero aprendí una lección ¿Qué importa las lágrimas que me costaron?

Siento vergüenza cuando recuerdo las horas dedicadas al estudio pretendiendo ganar aquella medalla, ¡fueron muchísimas!, pero ¡qué mal las aproveché! Para estudiar buscaba los lugares más inverosímiles ... me subía en el techo de un cuartico que había en el traspatio, tenía cerca de dos metros de altura, de chiquitos todo nos parece mayor, a mí me lucía que era altísimo, y yo allí, parada al aire libre, creía dominaba al mundo.

Las auras que pasaban (sabiendo que no podía ser) imaginaba que me traían mensajes del Universo y cuando veía una hormiguita ¡muchas veces me reduje de tal forma que descubrí las maravillas de su hormiguero! Les aseguro que si fuera dibujante estaría en competencia con Walt Disney, por la maravilla que guardo de aquellos sueños, aunque no de las lecciones que estudié.

Al comenzar nuestro curso, ustedes ganaban vales por distintos conceptos, se necesitaba asistir, llegar temprano, terminar rápido un problema, ¿recuerdan?

En Navidad volvieron esos vales a mí pues ustedes tenían el derecho de adquirir con ellos un objeto. Yo no lo regalé, ustedes lo ganaron.

Me parece verlos, no vinieron a mi mesa con la timidez del que se siente agradecido, ¡qué va!, vinieron con el estilo propio del ganador.

Mi intención fue doble, que adquirieran disciplina y vieran lo que se podía ganar con ese orden.

Hay alguien a quien quiero muchísimo (mi Papá Raúl) que dice que cuando un niño gana un premio se le debe mostrar alegría por su triunfo, pero nunca hacerle un regalo. Hay que luchar, cada día más y mejor, porque ese es nuestro deber, pero no esperando ninguna recompensa, pues cuando sean grandes no siempre por cumplir bien han de tener recompensa. Sin embargo ustedes saben que si un hombre falta en sus deberes de ciudadano es castigado cuando se le prueba su delito.

Volvamos a nuestro premio, sea diploma o medalla, para ganarla en estudio o en deporte se hace necesaria la perseverancia. No piensen que una medalla se gana fácil, ella por si sola representa en su pequeñez, la grandeza de una disciplina, de una constancia de muchos días, a veces de años.

ESTE TIENE UNA HACHA QUE AMOLAR

Escuchen esta anécdota que tanto me gusta oírsela a mi padre: "Estaba de pie en la puerta de su casa, siendo muy niño, el que llegó a ser uno de los hombres más grandes de su patria, (y puede decirse sin temor a exagerar, del mundo entero: Benjamin Franklin, el inventor del pararrayos) y pasó por allí un hombre que llevaba un hacha, al fijarse que había cerca una piedra de amolar, empezó a dirigirle al niño toda clase de alabanzas, al propio tiempo que con mucha habilidad le pedía le diera vueltas a la piedra halagándole con frases agradables, hasta que con el esfuerzo del pobre niño consiguió amolar cumplidamente el hacha y entonces, sin apenas despedirse ni darle las gracias, volvió a ponerse el hacha al hombro y se fue silbando. Y desde entonces decía Franklin que cada vez que se le acercaba alguna persona y empezaba a dirigirle frases halagüeñas y celebraciones para su interior, el futuro sabio decía: "Este tiene un hacha que amolar".

Ojalá se acuerden siempre de esta anécdota y jamás se dejen vencer por los halagos, llevándolos a realizar actos que ustedes puedan después reprocharse.

SEGUNDO RECONOCIMIENTO

La maestra dicta a un compañero de muy buena letra y ortografía para que escriba en la pizarra los asuntos que van de Aritmética. Todos escribimos, pero hay un alumno que ni siquiera copia, ha inclinado la cabeza y la apoya en sus manos, los labios apretados.

La maestra se vuelve y se queda en suspenso; pero como si nada hubiera visto, indiferente a esa actitud tan extraña, continúa dictando y además dice:

-"Todos a copiar, que dentro de un momento se borrará la pizarra".

El niño continúa en igual posición, ¡parece de piedra!, serviría de modelo. Ya se ha llegado al final de la pizarra, hay que borrar arriba y todavía el compañero sigue igual, parece que ni respira.

La maestra se acerca a él, insiste para que escriba en sus hojas, no contesta muy bien, ¿qué le habrá pasado? Resuelve ella dejarlo, toma antes las hojas de él y se las da al compañero más cercano, para que le copien las preguntas del examen, pues parece que este alumno no se siente bien. Pero él se da cuenta y habla:

-No quiero ni pienso hacer ningún examen.

Ella dice:

-Está bien, no lo hagas aquí, ve para la dirección.

-Ni en la dirección tampoco. He dicho que no haré examen.

-Bueno, no lo hagas, pero aquí no puedes quedarte.

Y manda a buscar a la directora. Los tres hablan fuera pues él tuvo que salir del aula, finalmente oímos cuando nuestra maestra dice:

-Por favor, mandemos a buscar a su mamá, que ella sepa porque él no se examina.

Y aquí salta él de nuevo:

-A mi madre no la busquen, ¡a mi madre que no la molesten!

Es aquí cuando la maestra habla dulce y enérgica:

-Cuando un niño tiene para su madre ese pensamiento, por ella puede vencerlo todo, ¿sabes? ¡Hasta ese temor de creer que no se van a hacer las cosas bien! Por ella te vas a examinar y por ella vas a salir bien, tú tenías miedo pensando que no podrías vencer y ya ves, ella en su casa, tan lejos de ti, es la que te va a ayudar como ha hecho desde que naciste.

El no puede entrar al aula porque llora, isí, llora! ¿Quién dice que un hombre no puede llorar? Es por eso que él se queda afuera.

La maestra le manda a buscar un refresco, el sonido estridente de un timbre nos dice que el recreo comienza; ella se va para su mesa, nosotros la rodeamos.

-Por favor, vayan con su compañero, es ahora cuando ustedes pueden demostrarle su afecto.

LA PRESENCIA PERSONAL

-Me gusta como ustedes vienen a la Escuela, siento placer viéndolos limpios, peinados, no descuiden ni el brillo de sus zapatos.

-La persona no tiene que ser pudiente para conservar ante los demás esa limpieza atrayente que abre puertas, pues hace pensar bien de ella. Felicito a esas mamás o a esa hermana y a ustedes, que cuidando su ropa les hacen trabajar menos.

Otro día:

-Yo comprendo que hace calor, pero en el frío también tenías la camisa abierta, no es por frío ni por calor, es la mala costumbre, esa puede producirte un hábito.

-Abróchate la camisa. Si no, ve para la dirección.

Ya no es solo él, el desabrochado, ya son tres

-Decididamente no estamos en el aula, me veo en el muelle, ustedes son los estibadores, pero allá cuando llega una mujer todos se abrochan, el que no tiene camisa trata de buscarla o se oculta tras un bulto.

-¡¿Qué dicen ustedes de la playa?! ¡Ah sí! ¡Pero estamos en el aula!

-Te voy a hacer una camisa cerrada, es inútil que te cosiera esos ojales.

La otra tarde la observamos, cogió otro camino, ¿será para mirar aquella tienda de modas que tanto le gusta? Es que allí viene él, no está yendo a la Escuela, está faltando mucho.

Nos acercamos y oímos:

-La verdad, no creí fueras tú, me pareciste de lejos un ángel, si, un ángel, tu camisa abierta flotando a los lados de tu cuerpo, parecían tus alas ...

Mientras habla le abrocha la camisa.

-¿Porque no vas al colegio? Me parece bien conserves el puesto de tu hermano que se opera, pero estudia en los ratos libres.

Él es el niño que tan importante se sintió cuando cogió el puesto, es inteligente y trabajador, tiene un mérito grandísimo que ella celebra, ayuda a su padre y se levanta con él de madrugada, pero la maestra, no le pasa ni una ...

DE UNA CLASE DE EDUCACION DE LA SALUD

En nuestros programas de Educación de la Salud, hay un asunto que se refiere a las deformaciones de los pies y ya estamos repasando.

-Nuestro cuerpo no es más que un edificio, si la base de éste no es perfecta, por muy lindo que sea ese edificio, por muy sólido que parezca, se desmorona … Ustedes habrán visto cuanto edificios se han hecho últimamente; algunos empezaron primero que otros y esos otros se concluyeron antes. Muchas veces cuando un edificio se demora es porque la base donde iba a reposar, no fue la pura roca que el ingeniero esperó, y entonces tiene que hacer un trabajo que requiere cálculos matemáticos primero y al realizarlos, mil tropiezos.

Cuando yo veo un niño de esos mal calzados y al verlo como camina, bien arrastrando los pies o doblándolos porque ya sus pies crecieron, me dan ganas de quitarle los zapatos, ¡cuánta alegría veríamos en sus rostros! ¿Es que ninguno de ustedes ha tenido unos zapatos que no eran para sus pies?

Hace años existía la idea de que el pie dela mujer debía de ser pequeño, porque era más elegante y las niñas debían llevar zapatos justos al pie … ¡mal lo soportábamos! Pero peor cuando pasaba un mes y había una frase muy corriente que para vendernos usaban los malos peleteros: "Ya se acostumbrará".

¿Cómo nos íbamos a acostumbrar? Si el zapato no era resistente, se deformaba y si era de material fuerte ¡cómo se ponían nuestros pobres pies!

-Ustedes tienen que comprar el calzado holgado pues están creciendo. Al comprar un par de zapatos piensen que son ingenieros y busquen como ellos, una buena base que sostenga el edificio, que aquí es vuestro cuerpo.

LOS DE CONCIENCIA ADORMECIDA ...
Y LOS QUE SE DESTRUYEN SOLOS

-Hay una clase de la sociedad que ustedes le dicen los ricos y otra parte que se dicen pobres.

-No digo todos, pero en ambas hay algunos que se desprecian mutuamente.

-Unos y otros son, malos ricos y malos pobres, no saben elevarse en el medio que viven.

-Vamos a hablar de los malos ricos o los de la conciencia adormecida ... sin embargo hago de todas maneras una aclaración necesaria: todos los ricos no son de conciencia adormecida. No me gusta verlos a ustedes con rencor hacia las personas adineradas. Podrán sentir desprecio hacia esos, cuyo dinero fue mal ganado, pero no pueden encajar ahí a todos los

de capital. Hay entre esas personas muchas buenas y
generosas. No olviden que la caridad es más santa
aún, cuando se hace a escondidas. ¿Qué saben
ustedes si alguno de ellos ha donado tal cantidad de
dinero? ¿De la protección que ese rico ha dado al
familiar más pobre? Aunque sí, no puedo negarles, no
ocurre lo que en otros países, cuando al morir legan,
si no todo su capital, parte, a hospitales, sociedades,
escuelas y su memoria es bendecida y su figura se
hace inmortal. ¡Filántropos necesita nuestra Patria!

-Hablemos de aquellos que yo les digo de conciencia
adormecida … No son malos, simplemente
adormecidos. Adormecidos por la bonanza que les
rodea, todo bello, aireado, su baño agradable, ¿cómo
van a pensar que otros carecen de todo eso?

-Yo no quisiera, si estas líneas llegaran a esos de
conciencia adormecida, creyeran que quiero
amargarles sus horas de placer, haciéndoles pensar en
las necesidades de otros. Amargarlos no, pero si
comprensión para esos niños, desprovistos de lugares
donde aprender a jugar, a hacer fuertes sus músculos
y adiestrarse para darle gloria a su Patria.

-Yo haría cerca de las escuelas lugares de recreo
donde esos niños practicaran deportes. Les aseguro
que saldrían grandes campeones, aunque esa no es
solo mi finalidad, sino distraerlos haciéndolos fuertes.
Hay que ver lo que hace el Parque Martí, yo me quedé
maravillada un día, cuando vi cómo se preparan los
futuros profesionales de Educación Física y los
ejercicios que hacían los alumnos del Instituto. Pero

ese solo campo no abarca tanto, yo no los quiero grande, más pequeños, pero múltiples y los que viven cerda de la costa ¿no está ese mar que debe gozarlo un pueblo?

-En Miramar hay un sacerdote que ha hecho posible obras magníficas porque tiene el valor, la gracia de despertar la conciencia de esos ricos. Ojalá hubiera muchos como él, habría entonces más buenas obras …

-Los que se destruyen solos. Ahora voy a decirles como algunos ricos los ven a estos: Piensan que no son trabajadores, se gastan lo poco que ganan, y por eso nunca tienen nada.

-Son a esos malos pobres a quienes yo me refiero. El que no lucha con tesón, buscando siempre una excusa para ese progreso que no llega, porque él mismo se lo destruye, por sus maneras soberbias. No piensa jamás que él puede hacer mucho y no piensa tampoco en aquellos, que si viven hoy en buenas casas, han luchado terriblemente por alcanzarlas, suprimiendo placeres, durmiendo poco para poder hacer su trabajo a conciencia o a veces trabajando todo el día y estudiando hasta altas horas de la noche.

-Si las familias, que alcanzaron lo que los malos pobres critican, fueran libros abiertos para ustedes, verían cuánta razón tienen mis palabras. Y si la clase humilde, trabajadora, que el rico no ve fuera también libro abierto, ¡Cuánto enseñarían a unos y a otros! ¡Cuánto daría porque unos y otros se comprendieran para poderlos acoplar! ¡El rico que ayude mucho porque tiene poder y piense que sus arcas están llenas por ese que a veces desprecia! ¡Ojalá que el sudor de ellos se quedara en esas monedas para que al gastarlas a manos llenas en placeres, le vinieron a la mente esos que se las llenaron!

-Y al trabajador pobre, a ese que lucha día tras día, que tenga paciencia, toda la vida no será así, que cumpla bien, ganando su dinero con honradez, sin perder tiempo. Sus méritos serán reconocidos y su hora llegará; mientras, que luche por esa industria, que sepa sus derechos, pero jamás olvide sus deberes.

-Lean biografías de grandes hombres, muchos fueron humildes y ellos han sido por el recuerdo de sus trabajos pasados los que han podido hacer mucho bien a la humanidad.

EN LAS ELECCIONES DE LOS VIERNES PARA ALCANZAR EL BESO DE LA PATRIA

Al fin ella logró lo que quería, ya estamos votando para elegir al que ha de recibir el beso de la Patria.

Todos sabemos cuáles son las condiciones que ha de tener el elegido, sin embargo a veces hay dos empatados y ganan como deben ganar los candidatos con méritos, por su simpatía, eso nos dijo ella:

-Primero a mirar los méritos, después ustedes votan por el que sea mejor compañero, ese siempre es el más servicial.

-Un niño dijo un día: ¡intercambio comercial!

Ella se disgustó mucho.

-Aquí nadie tiene que cambiar nada, eso es un engaño, ¿acaso los candidatos no pueden votar por si mismos? ¡No me gusta nada eso de cambios!

-Si alguno cree que tiene derecho para hacer propaganda, la puede hacer al lado de mi mesa y frente a sus compañeros.

De pie se puso uno, ese que quiere ser maestro. Muy serio y derecho al lado de la mesa de la maestra y alzando la voz, con estilo de orador, dijo:

-Yo creo que el compañero que he elegido merece ganar en esta semana el Beso de la Patria. Ha venido todos los días y temprano. Ha sido estudioso y buen compañero.

Ella pregunta:

-¿Y quién es tu compañero?

-¿El elegido por mí? ¡Soy yo!

Ella se ríe y nosotros también.

-Tienes razón, has hecho lo que debías, estás en tu derecho y te felicito porque el que sabe reconocer sus méritos y hace que los demás se lo reconozcan no comete ningún delito sino se le debe felicitar por su civismo.

Seguidamente se escribe en la pizarra el nombre de los candidatos:

El voto es secreto. Cuando se celebró el escrutinio, el que habló de sus méritos fue el elegido por sus compañeros.

Cuando viernes más tarde, se supo quién era el ganador del año, no fue el de aquel día, sino otro, que venía temprano, estudiaba y era buen compañero. Ahora ella no se conforma y dará medallas, a esos que estuvieron más cerca del primer lugar. Cuando se dio a conocer el nombre del ganador por aula, ella miró a sus discípulos y sintió emoción, al ver el que se suponía ganador, aplaudía con toda su alma al compañero triunfador ... ¿Pensaría ella en aquella medalla que no ganó? La maestra dijo más tarde 'que no se conformaba solo fuera un beso, por aula, lo que pudiera dar la Patria'.

LOS NIÑOS DE LA OTRA ESCUELA

-Hay una asignatura, Educación de la Moral, cuyo programa se ha dado íntegro, aunque no todas las lecciones estén recopiladas por escrito ¡tanto tiempo dado a esa asignatura! ¿Cómo es posible?

-Primero no quise hablarles jamás de armonía, colaboración y amistad entre los países sin antes lograr en ustedes ¡eso!

-No fue cosa fácil, hay entre los seres humanos un egoísmo innato y muy difícil de posponer en beneficio de los demás. Sin embargo yo creo que cuando pude hablarles de todo lo que trata nuestro programa fue a su tiempo.

-No dudé por un momento esto que estoy viendo: estos niños venidos de otra escuela son para ustedes sus compañeros, como serían si hubieran venido de otra nación.

-Me he sentido orgullosa matriculando a esos niños en mi libro, nada más y que con esto tengan derecho al examen final porque ellos ¡ya llegaron con sus programas vencidos!

-Estos niños me resultan simpáticos con sus libretas llenas, con el pensamiento siempre puesto en su directora y maestra. Quisiera para ellos el Beso de la Patria y medallas.

-Hay que pensar lo que significa perder algo seguro y tener voluntad, marchando a buscar eso que anhelaban, lejos del lugar donde lo soñaron alcanzar. Pienso que la guerra pasada, cuando los niños eran llevados a otros países lejos de sus padres, pienso en los niños que están desterrados de su país, tratando de alcanzar, lo que soñaron tener bajo el cielo de su Patria.

EN EL DIA DE LAS CONSERJES

Y reunieron unos centavos. Compraron algo para esas que limpian, cuidan todo en la escuela, siempre contentas, las llevaron al aula y se paró ese futuro maestro y dijo:

-Este recuerdo no vale nada; pero si vale la intención que encierra, vean ustedes en el nuestro afecto, cariño y sirva para perdonar nuestras majaderías.

Y esa que es mayor también habló:

-Para nosotros este regalo tiene mucho valor y les perdonamos. Nosotros los queremos mucho a ustedes y por eso le pedimos que se porten muy bien con ella pues quiere hacer de ustedes unos hombres.

!!ES FACIL!!

La maestra explicó los casos de tanto por ciento, más tarde reparó, tomó tres datos y con ellos formó tres problemas.

-¡Ni primero, ni segundo ni tercero! ¡El dato que falta es el que determinará el nombre del problema!

Hay dos alumnos que siempre contestan.

-Qué fácil desde que llegaron los niños de otra escuela, ¡ya son tres! ¡Qué fácil!

Ese día la maestra rio y volviéndose pregunta:

-¿Fácil?

Al fin me doy cuenta del alcance de vuestras palabras. ¡Me felicitan con ellas!

-Que buena maestra tienen, resulta fácil porque ella explica muy bien. ¡Gracias, gracias!

Recuerdo esto para pedir perdón por lo que en apariencia resultó una petulancia ¡y tanta pareció! Que ahora mismo me rio recordando mi risa con la de ustedes confundida y tan prolongadas que olvidamos había aulas vecinas.

Sin embargo temí que no fueran lo suficientes y que de nuevo los taciturnos de mi aula volvieran a ese reconocimiento tan extraño que no hacen nada cuando los otros dicen:

-¡Fácil!

¡Cuánto he sufrido con mis taciturnos!

Escúchenme, al fin llegó mi hora, aunque sea por medio de este librito, hacía tiempo que quería este entendimiento con los Fáciles y con los Taciturnos, ¿me permiten cambiarle el nombre a estos últimos y llamarlos Soñadores?

¿Debo de hacer una aclaración para esos que no han tenido el placer de ser mis alumnos? Los "Fáciles" son mis niños, más pequeños, tan inteligentes, y los "Soñadores" son esos grandotes, tan inteligentes, pero en las nubes, soñando con la lotería, con los carnavales.

-¿No recuerdan que cuando quise despertarlos diciéndoles la verdad, mi falta de tacto dio origen a una explosión? ¡No solo se producen volcanes en la tierra, a veces son las personas volcanes ambulantes, y son otras las personas que lo provocan!

-¡Ay, la verdad yo no quería provocar una fuerza que destruye! ¿Ven? ¡Con ustedes aprendí muy buenas lecciones!

-Pero ahora ¡llegó mi hora! ¡Despierten los Soñadores y los Fáciles sigan bien despiertos siempre, pero guarden sus exclamaciones, que con ellas turban y no despiertan a los que están a su alrededor.

ENTRE CLASES

Nuestra aula tiene cerca un vertedero y a veces, ¡a borbotones sale por una pila el precioso líquido!

-¿Qué buen cubano permite que el agua se nos escape?

-*-

-Si tú no votas en las elecciones del Beso de la Patria, ¿con qué derecho criticas al candidato electo?

-La gracia no está en ser agradables cuando estamos contentos.

-*-

-¿Perdiste tus cinco pesos? Si tu patrón te creyó, ¡que feliz debes sentirte! ¿Por qué somos objeto de tus descargas y no guardas tus disgustos?

¡Cambia de pensamiento! ¡Feliz el que encontró tus cinco pesos!

-*-

Ni se trae a la Escuela las cosas de la casa ni al hogar las cosas de la Escuela.

-*-

-No me hagan pensar cuando veo ese pie sobre el asiento del pupitre que en su casa no se lo permiten.

-*-

El gesto amable por sí solo no necesita que lo continúe la palabra.

-*-

¡Por favor, pórtense bien! ¿Necesito poner cara de maestra avinagrada?

-*-

Una vez alcanzado lo que soñamos hay que conservarlo con buen cumplimiento y respeto, sobre

todo. ¿Por qué no han de respetar al dueño de una
fábrica, al patrón, a ese que está sobre ustedes?

-*-

Háganse respetar, así sabrán desenvolverse
mejor cuando se cambian los papeles y sean ustedes,
como premio a su labor, capataces o dueños.

-*-

No debe de hablarse tanto de lo que hay que
hacer, a veces es bueno contemplar lo que se ha
hecho, para impulsarnos … Somos muy jóvenes, 52
años de República; ese descontento destruye tanto,
hay que tener fe y prepararse bien. Ya dije que
somos muy jóvenes y a veces como niños que son,
creen que nuestra Patria es un juguete con el que se
puede jugar dándole vueltas, tirándolo; no se dan
cuenta que la libertad, esa democracia alcanzada, hay
que mirarla bien, pero nunca jugar con ella ¡no es esa
clase de juguete con que se juega! ¡Es tan delicada,
tan preciosa! Hay que acordarse más de cuando
éramos niños, aquella curiosidad de entonces, que nos
hacía romper el envoltorio más lindo para ver lo que
tenía dentro.

-*-

Sales en defensa de tu hermano y dices que no
lo quieres. ¡Qué alegría me has hecho sentir!

-*-

¿Por qué le extraña que se quisiera defender en esa forma? Acaso, los padres no le dicen a sus hijos: 'Cuando te ataque uno grande, ¡defiéndete con lo que puedas!

-*-

¡Date a respetar! No le aconsejes irse a las manos; pero a veces no tienen más que pelear una vez en la vida.

-*-

La lectura puede ser de cuentos, novelas de detectives, cowboys, biografía, pero es bueno que a veces se lean despacio algo que trate sobre educación.

-*-

Muchas personas tienen que hacer olvidar a los demás su inteligencia y buen porte.

-*-

El que no es hermano tiene que cultivar su inteligencia y el que lo es, para que vean que solo no tiene hermosura corporal.

-*-

¡El hombre debe de ser generoso! Ahora con la madre, con la hermana; mañana con la esposa. ¿Acaso no quieren ellas estar bonitas para lucirles a ustedes?

-*-

Si te esfuerzas en adquirir buenos modales, en la casa primero, no resaltarás fuera de ella como mal educado.

-*-

¿Por qué vamos a contestar mal si podemos contestar bien?

-*-

Óyeme, cambia de tacones a tus zapatos, no dejes que se desgasten así. Ese desgaste desigual, dice que nuestra pisada es imperfecta, y si los mantienes así te perjudicas. Quizá de nuevos, sea bueno le coloques una herradura por ese lado.

-*-

Si por sus trabajos tienen que caminar o montar mucho en bicicleta, en sus casas tienen que hacer ejercicios de brazos, así lograrán que vuestro desarrollo sea perfecto.

-*-

Un niño me pregunta cuantos años hace que salí de maestra, luego viene en una forma muy reservada y me da una nota que decía: después de mis cálculos aritméticos: ¿esa es su edad?

-*-

No lo regañe, ¡es que salí tan bien en ese cálculo! Solo le dije que la edad de una mujer no se pregunta ni se trata de averiguar.

-Un compañero decía: 'Tú ves? Bien te lo decía, desde que ella está haciendo el librito, anda más derecho, ya bastante hablaron de mi con lo de la lotería.' Entonces recordé a mi madre el otro día, fue su cumpleaños, yo aún no se su edad, en la carta me contestó: 'Cuando me preguntan la edad digo que soy contemporánea de una tienda elegante de La Habana. ¡Cuánto diera por ser como esa tienda, mientras más años tiene, más linda está.

-*-

Él tiene 15 años cumplidos en el fin de curso, me dijo en clases quería hacerme una pregunta; en el recreo vino a mi mesa.

-Una persona me critica, lea tantos libros sobre educación.

Yo creo haces bien en leer esos libros, a veces complácela leyendo los libros que ella quiere, pero tú has que ella lea sobre educación. El hombre tiene el deber de guiar la lectura en la mujer.

Habló tan suave de esa persona, que imaginé enseguida era su novia, luego me contó. No lo regañé, todo lo contrario, le dije:

-Ahora tienes que estudiar más –nuevamente recordé a mi madre. La mujer es la que hace que el mundo de vueltas. Yo no sé si es de ella esa frase; pero de sus labios la aprendí.

-¿Qué si vi a los niños el 20 de Mayo? ¡Si, los vi! Estaba con mis hijos, los saludamos.

-No, no los conocemos, pero son niños cubanos, sentimos que eran nuestros amigos.

-¿Cuánto le darán a los niños de nuestra capital oportunidad para que conozcan la maravilla de nuestros campos, el lugar donde la luz de Martí pareció apagarse? ¡Si! ¡Allá donde cayó su preciosa vida y la luz de su alma fue más deslumbrante!

La conserje no está, se la llevo la compañera que no miró su vestido todo zurcido, ¿Qué importaba su presencia si la compañera estaba en peligro? ¿Pero porque no haya conserje vamos a estar con el aula sucia? Y allá están maestra y niños limpiando.

Si no tenemos quien nos limpie la casa, ¿vamos a estar en lo sucio?

-*-

El valor de este librito no lo tiene la autora sino ustedes que han sido inspiración.

-*-

El valor no está solo en la autora, ni en sus inspiradores, sino en esos que lo han construido y han hecho posible vea la luz.

DE UNA CLASE DE LECTURA

Inspiración aprovechada en una lectura explicada. Me inspiró la unión de mi familia, vino a mi mente un collar de perlas ¡así es de hermosa la familia unida! Pero, cuando se ...? ¡Todavía sigue el collar de perlas, unido! ¿Lograré además con esta inspiración mía unir a esos dos hermanos que parece se quieren tan poquitico? ¿Podrá ésta hacerles sentir que desde Allá ella lucha por atar los lazos de su collar?

EL COLLAR DE PERLAS

Toda la familia unida en el amor, es un collar de perlas luminosas, donde los padres son las cuentas mayores ...

A veces una de las perlas que integra el collar ¡se desprende! Se va tan lejos que más nunca se puede engarzar ...

Por momentos parece que aquel collar tan lindo pierde ahora su belleza porque perdió su unión ...

¡Hay una fuerza divina en la familia unida por amor! ¡Aquella perla desprendida para otros, esa cuenta, jamás abandonó su lugar! ¡Ella es el ser puro que une fuertemente a los suyos y no llega su partida a producir separación!

NUESTRO HIMNO, NUESTRA BANDERA

Hace unos días cuando se practicaba el himno, un niño chiflaba mostrando una falta de respeto extraordinaria; le preguntaron a mi maestra para que ella diera su opinión acerca del castigo que se le impondría.

-¿Castigo? Dijo. –No, nunca; cuando un niño cantando el himno o frente a su bandera se comporta mal es porque no sabe lo que nuestro himno, nuestra bandera representan; estoy segura que ese niño ha faltado cuando su maestra explicó lo que ambos significan.

Al otro día ella se lo llevó para su aula y le enseñó una lámina y le habló, le habló muchísimo de cuando Perrucho Figueredo dio a conocer el himno, como le rodeaba la emoción que sentían todos; entontes se cantó y eso impulsó a todos a luchar.

-Óyeme bien, los viernes cuando cantemos el himno te voy a mirar, estoy segura que ya nunca más volverás a distraerte en ese momento.

-Cuando ante nosotros la bandera se despliega tenemos que estar callados, para poder pensar mejor, es entonces como si pasaran, teniendo por fondo la bandera, las figuras de esos grandes hombres, sonrientes, orgullosos de haber combatido con ardor por esta enseña que sabemos honrar y entonando el himno que ellos cantaron.

-Ya tú conocerás a esos hombres, estudiando sus vidas y sentirás un deseo grande de ser, como fueron ellos.

LA AMABILIDAD

Después que ella nos dice lo amable que debemos ser, cuenta:

-Estaba en el ómnibus y subió una muchacha muy vistosa, pensé enseguida, 'la amabilidad es contagiosa', pues vi a un señor ponerse de pie, y como por resorte otros dos más. Sube de nuevo otra mujer, pero ésta no es bonita, ni es airosa, ni viste bien; en su rostro se refleja el cansancio de sabe Dios cuantas horas de labor. No hay uno que se ponga de pie, ni siquiera los dos que no tuvieron el honor de poder dar su puesto a la muchacha bonita.

-¡Que lástima! Pensé al ver aquellos, anteriormente amables. –Se olvidaron de la lección que dio el primero!

-Ustedes, mis alumnos, yo sé, se levantarían por la muchacha bonita, pero también por la otra. Las dos son mujeres son la representación de lo más bello creado por Dios. En la linda, en la fea, está el purísimo ser escogido por El, para llevar en su seno a otro ser.

-Dicen que los hombres han dejado de ser amables porque la mujer se ha igualado a ellos; ¿igualado? ¡Ninguna mujer, mujer, busca igualarse al hombre! Sí, se ha superado de aquella opresión de hace tantos años, en unas cosas para su bien, en otras, ha echado una carga extraordinaria sobre sus hombros que no las dobla porque ellas, tienen, así como yo les dije un día, que en el hombre hay una cualidad que no le alcanza la mujer, y es la nobleza, en la muer hay una cualidad que el hombre no logra: ¡Valor para sufrir callada!

La mujer es agradecida, yo lo sé. Sé de muchas que cuando le dan el asiento, hasta que se baja el amable lo siguen con la vista dándoles las gracias.

LA MADRE Y LAS MAESTRAS

-Tanto he dicho de la mujer y lo que ella debe ser para ustedes, que se me hace más fácil comentar de esas dos mujeres que ocupan un lugar de preferencia en la vida de todo ser: la madre y la maestra. Las dos juntas, una, desde que nacemos hasta que su ayuda material no la necesitamos.

-La otra, solo estuvo unos años, pero también continúa a nuestro lado por siempre, porque las dos han formado nuestro espíritu, nuestra conciencia.

Cuando alguno se olvida de ellas, su vida se tuerce y se desfigura. El que la tiene presente, lucha mejor porque la madre lo arrostra dodo.

-¿Recuerdan el niño que no se quería examinar? Se mantuvo día tras día construyendo su obstáculo, cuando llegó el reconocimiento no podía porque lo que tenía frente a sí era una pared de pura roca, recuerden por favor, que último recurso empleé para hacerlo examinar y vencer ¡fue sólo la figura de su mamá que coloqué ante él! ¡Qué poder tan extraordinaria tuvo!

A veces pienso que hay personas que no han tenido en su vida ni la ternura de una madre ni la enseñanza de una maestra. He sentido esa sensación cuando voy en ómnibus.

El chofer no da tiempo para la mujer que sube ¡y arranca! ¡De milagro llego ella a su puesto! He tenido intenciones de ir a donde el chofer, tocarle suavemente el hombro y preguntarle: '¿Tiene usted mamá?'

-¿Y si no la tiene? –Vuelvo en mi pensamiento a sentarme porque no me atreví y sigo mirando. ¡Vuelve el parón violento! Y de nuevo me levanto con el pensamiento, entonces le toco al hombro y le digo: '¿Tuvo usted maestra? ¡Ay! ¡Pero no me atrevo! ¡Sabe Dios qué cosas me contestaría! Decididamente me digo: ¡No, ese no tuvo nunca la ternura de una madre, ese no tuvo maestra! Porque, ¿quién que haya gozado la influencia de estas dos mujeres puede así negarlas? ¡Niegan los hombres la presencia de esas dos mujeres cuando no tienen compasión para otra mujer! ¡Qué lástima me inspiran!

EL PADRE

Como el día de los padres nos cae en vacaciones, no quiero que termine el curso sin antes hablarle de ellos.

Soy partidaria de celebrar todos esos días aunque me ponga al lado de los comerciantes, ¡me encanta encontrar siempre motivo para celebrar algo y estrenar!

El padre, como hombre, tiene las cualidades expresadas por mí y que ustedes reconocen: ¡nobleza! Tanta que los lleva hasta el sacrificio, son los que toman la parte más incómoda de la vida, aunque cuando lleguen a la casa no sea así.

-Fueron libres como ustedes y tardan en dejarse 'pescar' porque saben por su nobleza lo que les espera.

-Algunos esconden en su fanfarronería las hermosas cualidades que son su patrimonio y gustándoles tanto la comodidad del dulce hogar, no dudan en abandonarlo si la Patria los llama.

-Es valiente también, menos cuando se enferma.

Día tras día da, todo su esfuerzo en lograr mejoras, porque esas se transforman en alimentos, zapatos y algo bonito para su mujer. Nada quieren para sí, pero me gustaría que en su día se pusieran más contentos con los regalos, a fin de cuentas, él no es el que se hace el regalo. ¿Por qué razón les parece siempre que el dinero ahorrado por la mujer es todavía de su propiedad y no les emocionan los regalos?

Antes de seguir hablando de los padres, yo quiero hablarles del mío, ya les llegará a ustedes la oportunidad, esta es la mía …

Ni ella ni él, ninguno de los dos, es viejo, con sus bodas de oro cumplidas, con la de la Republica han saltado esa fase de la vida. Tan enérgico, tan servicial, tan culto, ¿no les dije que jamás necesitaba buscar un diccionario? ¡Una verdadera enciclopedia!

-¿Qué? ¿Qué es? ¡Es de todo! ¡Es mi gloria! En la casa hago conexiones, arreglo las planchas porque se las vi hacer a él, a todo me atrevo porque aprendí viéndolo, ¡aunque no como él! ¡Todo lo hace perfecto! Si pudiera hablar de él, ¡estarías horas! Mi padre fue el primero que me enseñó la significación de la bandera al contarme la emoción, la alegría experimentada al verla izada en el Morro, aquella mañana tan linda del 20 de Mayo de 1902, y figúrense que extraordinario a su lado la mujer de sus sueños, casi acabados de unir, me los imagino cogidos de la mano.

Cuando novios le regaló a mi madre muchos libros, entre ellos "Las tardes de la Granja', un libro hermosísimo, encuadernado en rojo, sus páginas fileteadas en oro, con lindas láminas. Yo no sé si es ese, pero hay uno con la dedicatoria escrita con su sangre, ¡así eran de románticos los hombres de entonces!

La madre nos inspira más confianza, menos temor, cede su autoridad al padre y a veces no encontrando poder en sí misma quiere dominarnos diciendo: ¡Cuando venga tu padre, se lo voy a decir! O si no: No te lo puedo dar, pero eso que tú quieres, tu padre te lo dará. Con esas dos respuestas nos lo presenta como un gigante, ¡todo lo puede! Si nos portamos mal, como gigante que es, puede pulverizarnos. Y si soñamos algo como la luna, él nos la puede alcanzar.

Cuando hacemos algo mal hecho, nos asusta el recuerdo de las palabras de mamá y su voz parece que nos va a fulminar antes de haberlas pronunciado.

Una vez rompí un cristal, mamá ni me regañó, yo era tan pequeñita, sin embargo pensando en la llegada de mi padre, pues bien; que alegría cuando llegó, ni me fulminó, ni nada de eso, me dio un beso, fue tan dulce, yo tenía ¡40 de fiebre!

¿Y que le pasa a ese gigante, que nuestra madre en su afán de hacernos obedecer y que la dejemos tranquila porque ella no puede darnos la luna hace en nuestra mente? ¿Qué le pasa a ese gigante que viene tan cansado? ¿Cómo es que ella no le dice que nos portamos mal, que queremos la luna? ¡Ni siquiera habla de ella! Sino que corre, corre por toda la casa dando vueltecitas a su alrededor, ¡es el rey de la casa! Y lo cubre de atenciones, tantas que él mira y nosotros no oímos, pero es como si dijera: '¡Mi reina!'

Si, es un gigante que nos podría deshacer, es un gigante que pudiendo conseguir la luna, ¡claro!, a veces lucha con fuerzas superiores, ¡un gigante!, ¡aunque a veces lo veamos cansado!

Con sus ansias de traer y traer para la casa, no se come solo las cosas que le gustan, cuando pasó por la panadería y sintió el aroma del pan acabado de hacer, le hizo pensar en la alegría que proporcionaría a los suyos y allá llegó con el pan aún calentito …

-¿No caminan nunca con su padre? ¿No le confía él entonces sus sueños? Yo espero comprar una lámpara muy linda para casa, ¡no digo yo sí es un gigante! Y llega a veces a comprar la lámpara, ¿qué importa que oigamos murmurar bajito: ¿ya no están de moda esos muebles que compró para dar sorpresa a la reina?

-¿Es que no puede hacer ni eso, con el dinero ganado con tanto sudor?

Por favor, aprenden a ver en ellos la grandeza que tienen … No les teman nunca, confíen las cosas a sus mamás, pero también a sus papás. Recuerden, no lleven a sus padres los problemas de ustedes si son por algo provocado por ustedes. Si cuando

cometieron la falta origen del 'problema' se creyeron
hombres, no quieran ser después niñas
resguardándose tras ellos.

-Quisiera conocer a vuestros padres, para felicitarlos,
sería para mí un placer, están haciéndolos trabajar,
pero con esto lograrán hacerlos hombres
responsables, no se figuren que de ustedes es el
mérito, ¡es de ellos! Algún día reconocerán la razón
que tienen mis palabras!

LA ABUELITA

-Esa que vi en tu casa ¿es tu abuelita?

-¿La quieres mucho? ¡Yo quería tanto a mi abuelita!
Su recuerdo me llena de dulzuras, es como si oyera
sus cuentos, sus cantos, es como si yo mirara sus
lindos bordados, es como si la viera que me llama, me
abre la mano y dentro de ella pone la moneda para mi
alcancía.

-Mi abuelita, dulce y buena, la que yo más conocí,
¡cómo la recuerdo todavía! Todas son buenas, ¿qué
importan sus regaños, sus insistencias?

Recuerdo también a la abuelita paterna, aquella
que tan poquito conocí; pero su figura se agranda por
las narraciones que oí.

En la sobremesa, mientras se conversaba, desmenuzaba el pan, recogido después en su falda y que regaba en el patio, donde ya las palomas esperaban. Formaba un cuadro precioso ... A mi me parece que también yo la vi ...

Ellas se merecen lo mejor de la casa, vuestros padres se prolongan en ellas, y cuando una, como hay tantas, no tuvo a su lado al esposo que la sostuviera, el gigante con que asustarnos y confiarlo todo a é, ¡fue madre y fue gigante! ¡Hay que quererla más todavía!

DISTINTOS TRABAJOS

El trabajo es algo necesario en la vida, indispensable. Por él tenemos todo lo que nos hace falta y además a veces alcanza para satisfacer nuestros caprichos.

Pero hay algo que todos debemos ir en su busca, es el trabajo que nos viene bien, no sólo a nuestra capacidad, ya que sin ese punto fracasaríamos, me refiero a algo más íntimo a esa satisfacción que se siente cuando realizamos un trabajo que nos gusta, es el goce extraordinario que nos invade cuando al terminarlo nos entusiasmamos en su contemplación y se siente un gusto, que nos sigue, que nos rodea y nos hace sonreír, y nos da además una fuerza mayor para continuar.

-Yo les he dicho siempre que la naturaleza es sabia, nos da cualidades especiales que orientan nuestra vocación, llevándonos a un determinado trabajo sin que alguien nos lo diga. Pero ocurre muchas veces que con el triunfo de otros nos entusiasmamos, queremos hacer como ellos y de ahí vienen los fracasos, si solo fuera esto, viene el desencanto que es nuestro mayor enemigo. Por eso mi empeño que hagamos tests vocacionales, ellos le dirán para lo que ustedes están aptos, evitándoles así la 'prueba del desencanto', ustedes no pueden perder tiempo.

-Cuando yo veo que una persona está trabajando día tras día de mal humor, la analizo bien y comprendo perfectamente que ese no es el trabajo que le cuadra. Naturalmente que muchas veces esas personas no pudieron conseguir el trabajo anhelado porque no pudieron prepararse, muchas veces ni se dan cuenta que su malestar proviene de allí.

-Quiero llevarles al convencimiento que una vez comprendan cual es la labor que podrían desempeñar mejor, por ésa luchen con toda su alma. Una vez alcanzado el trabajo que les atrae deben hacer mérito para conservarlo.

-¿Recuerdan ustedes cómo se transmiten los sonidos? Cuando una persona realiza una labor que le gusta, está contenta, trasmite su alegría a los demás que le rodean y éstos a los otros, es establece una armonía tan extraordinaria ...

-Pero por favor imaginen lo contrario, ¡se asusta uno de pensarlo! Por ese ser disgustado paga toda una gran cantidad de personas.

-Ustedes no pueden ser de las segundas, sino de las primeras, que su felicidad está en realizar con gusto su trabajo. En el trabajo son felices y cuando llegan a su hogar, como los saben contentos, los esperan con verdadera ansia.

-Quiero también que tengan presente esto: Todo trabajo por muy simple que sea es noble, no importa que sea limpiabotas, ¿qué importa? ¿Acaso cuando tienen dinero lo les gusta que le limpien los zapatos? ¿Y si no hubiera limpiabotas y si no hubiera basureros y si no hubiera obreros que como laboriosas hormigas y abejas construyen y construyen?

-Un cuadro hermoso nos gusta, pero no lo podemos colgar a la pared si no tiene marco. En un escenario miramos al artista principal; pero les aseguro que no luciría tanto si no tuviera a su alrededor figuras que lo hacen resaltar. ¿Y en una película que les entusiasmó, no han pensado jamás en el número considerable de personas que la hicieron posible? Nos gusta el artista principal, pero no por eso los demás deben perder para ustedes su importancia.

-En la vida, igual que en las películas, siempre hay figuras importantes, porque sobresalen por sus cualidades, a veces con una sola palabra dan lugar a maravillosas cosas … Si ustedes tienen las cualidades para ser figura principal, ¡magnífico!, pero si por el contrario son los otros, ¡magnífico también! Unos y otros son necesarios para que exista armonía.

-Estoy tranquila, sé que ustedes van a encontrar esa satisfacción interior que se transforma en alegría de vivir.

BIBLIOTECA DEL LYCEUM

Los niños de esta barriada son muy afortunados, tienen muy cerca una biblioteca que pertenece al Lyceum, una sociedad de mujeres que honra a nuestra Patria.

Nuestros niños, por más que nos afanemos en la salida, siempre hacen el efecto que son venaditos presos que se apresuran por alcanzar rápido la libertad. ¡Están tanto rato sujetos a la disciplina sin el buen patio que ellos merecen para correr y saltar en el recreo, que naturalmente los efectos son esos que vemos y que tanto nos esforzamos, directoras, maestras y conserjes, en dominar!

Lo que si no saben las socias del Lyceum es que muchos de esos niñitos que parecen ardillitas, van en carrera para alcanzar el libro que guarda su biblioteca pública infantil; eso parecen ellos, ¡que velocidad imprimen! Y nos miramos las maestras y nos preguntamos: ¿Tú viste quién era? ¡Se confunden tanto! Y exponiéndonos a pecar por injustas no podemos castigar, hacemos interrogatorio al otro día con resultados inútiles pues ellos han aprendido a 'no acusarse'. ¡Cómo no nos convirtiéramos las maestras en galgos de caza y corriéramos tras las ardillitas!

-Afortunadamente ya eso pertenece al pasado, no se suceden las competencias brincando por el camino más cercano que era el jardín, no porque los niños hayan perdido el entusiasmo en su biblioteca, sino porque han colocado una linda cerquita.

-Una de las cosas que más me agradaba observar en aquella competencia, una vez que el ganador alcanzaba su meta, era ¡cómo se reprimía ante la escalera! ¡Cuan despacio subía! Y al estar adentro, ¡con cuanto respeto se comportaba!

-Si ellas supieran que todavía en sexto grado el otro día, cuando recomendaba que leyeran "Grandes Inventores", un niño que tiene permiso de sus padres para salir martes y jueves a su clase de música, dijo: "Yo voy a buscar ese libro hoy". Entonces, al poco rato, otro niño también 'necesitaba' irse. Como no tuviera el papel con la firma de sus padres, no se le dejó ir. Después indagué por su rápida necesidad y dijo: 'Quería coger el libro primero!

-Pasarán los años y unido al recuerdo de esta Escuela estará el Lyceum, con su fiesta de Reyes, sus actos, que asistir a ellos era un honor, aquellos cuentos narrados y alcanzar un libro de la biblioteca, un placer.

-A nuestra escuela vendrán al principio, quizás una vez, dos, tres, después espaciarán las visitas para yo no venir más, pero a la biblioteca del Lyceum, a esa sí que nunca dejarán de asistir. La lectura es algo que ustedes no pueden abandonar jamás ... Esas visitas habrán formado un hábito en ustedes del que yo me siento muy orgullosa de haber sabido fomentar.

UNA SORPRESA

¿Qué ocurre hoy en la escuela?

La directora olvidó el timbre de entrada, se pasó unos minutos, ¿qué algarabía es esa que mueve a maestros y niños?

Un camión vino, ha dejado unas cajas de galletas ¡qué alegría para todos! ¡Qué alegría! ¡La merienda otra vez, la merienda!

Sí, la merienda, ¡la merienda llegó! Pero no de donde antes venía.

Llegó de alumnos de una escuela privada ... ¡benditos alumnos que supieron reunirse y hacer obras buenas!

Yo quisiera que me dejaran decir quienes son ...

Pero otra vez el empeño de que no se sepa quien es el que hace lo bueno en la vida ... ¿Por qué, Dios mío? Las buenas obras que se propaguen, ¿por qué callarlas? ¿Por qué ese empeño? Las buenas obras que se propaguen, aunque eso no se necesite para llegar a Dios.

CUANDO USTEDES SEAN HOMBRES

Cuando ustedes sean hombres van a tener presente estas dos cosas:

1. No se van a dejar vencer por el halago
2. Van a recordar la Escuela Pública

No se van a dejar vencer por el halago

-Piensen en la anécdota favorita de mi padre y que está escrita al principio del libro como me la contó a mí.

-Cualquiera que sea la posición que ustedes ocupen en la vida, jamás los impulse la fuerza que da el halago, pues los llevará al ridículo. El halago a veces endiosa a las personas y los que halagaron sacan buen partido de su habilidad.

-Cuando yo veo que un hombre con méritos suficientes se deja llevar por la adulonería y se endiosa, pienso: 'se ha adormecido con esa brisa. Pienso también: 'le han hecho creer que es mejor ver la gloria antes de morir'.

-¡Ese, duda que sus obras persistan, duda de su inmortalidad! No se da cuenta, olvidó la obra grande realizada tan sencillamente por otros y que nadie olvida. No importa que muera, porque surge por sí solo y vive por siempre, eso él lo olvidó.

Van a recordar la Escuela Pública

Nuestra querida Escuela Pública, tan grande y tan olvidada por aquellos que se hicieron en ella.

El dijo: 'Que haya más escuelas que cuarteles, que haya una escuela en cada esquina'. Es esto lo que hace falta para que un pueblo se alce.

-Hoy en día no deja de ser cierto que en casi todas las esquinas hay una escuela, aunque éstas no sean precisamente Escuelas Públicas. ¡Ha crecido tanto nuestra población! Que las Escuelas Públicas no serían suficientes para albergar a todos los niños de nuestra capital, pero sí hay algo muy curioso de ver, las escuelas privadas, muchas, no todas, tienen en sus aulas más niños que lo que la pedagogía recomienda y nuestras escuelas se ven algunas tan solas.

-Los culpables no son las maestras, todas se afanan, la que menos lo parece se van pensando para su casa que es lo que tiene que hacer para lograr tal o cual cosa, para mejorar. Yo soy producto de una escuela pública, ¡pero que escuela pública aquella! Expresamente hecha para Escuela, con todas las condiciones higiénicas. Su recuerdo vive y aquellas maestras se continúan en mí cuando me siento buena maestra.

-¿Ven ustedes? Aquella escuela está en mis sueños, en mi afán por alcanzarla para nuestros niños! ¡Está en mí cuando sueño en esa fortuna y como ahora hablo, implorándoles a ustedes la alcancen para sus hijos!

-Si yo tuviera la gracia especial de hacer que hicieran, todo hombre público o persona pudiente, producto de nuestra escuela pública, algo tendría que hacer por ella. Quizás yo no tenga valor o méritos para esa obra, pero están ustedes que comienzan la vida, ustedes que tienen que ser los propagandistas de esto que no han tenido.

-Luchemos por una Escuela Pública mejor, esa es mi ansia, quiero que esa sea la de ustedes ...

EL QUE LEA ESTE LIBRO

Quisiera el que leyera este libro educado en escuela pública o privada fuera de nuevo a su escuela si ya la olvidó.

-¡Que entre en ese recinto testigos de sus trabajos de niño!

-¡Que busque la manera de ir a las aulas por donde pasó!

-¡Aunque ya esté alto o quizás grueso ... se siente en el pupitre donde pequeño se sentó.

-¡Que se ponga, si necesita los espejuelos de hoy y pase sus manos!

-¡El pupitre aun guarda las marcas que en él dejó!

Que entonces se mire hacia adentro y poniéndose la mano en el pecho diga:

-¡Si un pupitre puede tener señales aún, y su corazón y su cabeza haber perdido lo que un maestro en él dejó!

LOS COMPAÑEROS MAESTROS

La directora con sus maestros forman una gran familia. De su armonía, colaboración y amistad depende el triunfo de una escuela.

En nuestra escuela todas nos queremos, somos como hermanas, ¡ocho años reunidas!

Están incluidas las maestras especiales pues ellas también forman parte de nuestra familia.

Las maestras especiales son: ¡Descubridoras de vocaciones!

-Acuérdense del alumno del año pasado que hizo ese estante museo tan bonito, en él pude guardar las polímitas proporcionadas por un profesor universitario enamorado de todo lo bello e interesante que tiene la vida. Pues bien, mi discípulo creyó que iba a ser carpintero, quizás lo llegue a ser, pero ahora está también estudiando música en una escuela cercana,

¿creen posibles que esto resultaría si no fuera por ellas?

Debería haber también maestras especiales de Dibujo, una asignatura que sin quererlo la vamos apartando; aunque a ustedes les encante, quisiéramos arriesgarnos, aunque nos veamos por dentro que no es esa la vocación nuestras. ¿Y ese esfuerzo mal realizado tal vez no dañe en ustedes lo que podría ser la vocación suprema?

-Quizás esa dificultad podría remediarse en cada escuela si se estudiara a sus maestros y se escogiera entre ellos al más indicado, mientras llegan esos maestros de dibujo tan anunciados. Yo recuerdo mi Escuela, en los últimos años pasados en ella, del tercer grado en adelante las maestras tenían cada una un grupo de asignaturas, porque en la Escuela como en el trabajo, hay asignaturas que gustan más y al enseñarlas, como se siente más placer, ¿no ganan los niños?

-Es verdad que nuestros programas hay que vencerlos y ¡son tan largos! ¿Pero tenemos ellas o nosotros la culpa que la Escuela no sea de doble sesión? Así como estamos, ¡que maravillas se hacen en nuestra escuela!

-¿Qué culpa tenemos que cuando Cuba era más tacita de oro olvidaran sacarle brillo a la tacita haciendo lo que da más brillo a un país: ¡escuelas, escuelas, lindas y amplias! No como ésta, que no es mala; aunque no tenga buenos pupitres, ni libros suficientes,

ni mapa, ni sea nada más que por un lado por donde
el aire entre, ni que no tenga traspatio donde jueguen
los niños y puedan hacer con libertad sus ejercicios
físicos, ¡ni que sean tres las escuelas que trabajen en
este edificio!

-A todas las maestras de la escuela hay que
respetarlas, por lo que son o han sido para ustedes,
¡respeto con mucho de cariño! Y que perdure lo que
dure la existencia vuestra.

NUESTRA DIRECTORA

-Nuestra directora físicamente, no voy a describirla;
pero sí voy a decirles quien es: 'Es una maestra como
yo, pero con cualidades que la hicieron ascender sobre
todas nosotras, para ocupar el cargo que desempeña.
Merece nuestro respeto y admiración. Ustedes saben
que tengo razón. Cuando viene al aula, ¡me levanto
enseguida! Le estoy dando con ese ejemplo valor a
mi palabra.

Parece chiquitica y es muy grande ... no quería
hacer descripciones físicas pero eso resulta muy
interesante.

Hace sentir en los demás, que de ellos son las
ideas; pero ella mueve y hace todo a su gusto.

Tiene razón el niño de 6to grado: 'Se siente
placer hablando con nuestra directora'.

Da la noche entera y parte del día a un padre que adora.

Y por la tarde, cuando ya se supone que no pudiera más, ¡qué energía imprime!

Todo el mundo piensa que es, ¡en ese punto, donde comenzó el día!

Es otra de los nuestros, que a esta Escuela Pública: ¡la ama con toda su alma!

LOS INSPECTORES

Otras personas que también hay que respetar. También están sobre nosotros por sus méritos, son doctores de Pedagogía y han sido maestros. Forman parte de nuestra escuela, yo diría que son parientes que nos visitan de vez en cuando.

Me gustan, quisiera verlos más a menudo, pues son útiles y también ¡para ver si viéndolos tanto, se me quita el miedo que les tengo! ¿Viene mi miedo, de aquella época, en que yo era niña? Sería cuando me tocó leer y dije: 'Y en ese momento se atacó la carretera', me llamó la atención: 'No, atacó, no … se atascó. ¡Estoy confundida, en mi mente no hubo entonces vibraciones de temor, fue tan dulce su corrección.

-Yo creo que en eso las maestras se parecen a las madres, son ellas las que nos los hacen ver como unos gigantes ... Cuando ellas abrían los ojos del tamaño de platos de café, me transmitían su temor, ¡pobrecitas las maestras deseando que sus niños se porten bien! Y vean en ellos la corrección que ellas inculcan y en sus respuestas todas las lecciones enseñadas y ¡cómo se ponen de alegres cuando los niños contestando bien, le hacen honor! Yo sé que querían besarnos cuando hacíamos buen papel, ¡era tan mala aquella alumna! Sin embargo yo sentí ese beso que ella no dio.

-Quisiera que siempre se portaran ustedes muy bien y cuando ellos están: ¡mejor aún! No tengan temor ya que todo lo que les he enseñado está bien, ¿Por qué no van a contestar y hacerme lucir ...?

-Desde la primera visita recibida, en el 'Camino de la Gloria' allá en Camagüey (¡a ese inspector siempre lo recordaré con afecto!) hasta la última, no puedo dominar mi intranquilidad. ¡Yo podría describir desde aquella primera hasta la última! Cuando se van me han hecho sentir bien, en otras regular, ¿para qué seguir? Hubo una, cuando yo era maestra de primer grado que dijo a una compañera que mi aula era la antesala del Infierno ... ¡Me estremezco pensando en el Infierno! No porque me intimide, jamás pienso que voy a parar a él ... sino porque nunca en el aula me he sentido en el Infierno. ¿Cómo es posible que yo haya dado lugar a ese pensamiento? Imagínense como figura principal yo sería en su mente: !!!Lucifer!!!
Pero eso no es nada, sabe Dios si yo lo pareciera ...

pero y mis niños, yo entonces estaba en primer grado, ¿no son los niños pequeños como ángeles?

-Trato de recordar, quizás ella estaba en la escuela cuando yo jugaba a la pelota en el aula, ¿Por qué iba a practicar las tablas (después de haberlas enseñado objetivamente) en la forma natural pero aburridísima? ¿2 x 2 son 4? ¡No puede nunca! Me parecía que para ellos y para mí (¡también yo tengo que sentir la alegría de enseñar jugando!) Era más divertido hacer la pregunta: 2 x 4 –entonces rápido tirar la pelota y rápido ellos devolverlas con la respuesta -¡8!- ¿Qué importa que fueran tan retozones? A veces me tiraban mal y reían yo saltando, con las consiguientes murumacas para alcanzar la pelota.

-O sería cuando llevé mucha crema y galleticas con una batidora e hicimos mantequilla. Lo que sí sé es que muchos de esos niños habrán olvidado que fui yo la que los enseñó a leer, pero jamás olvidarán como se hace, ni a la maestra con quien hicieron la mantequilla y que después gustaron ¡sabe tan rico lo que uno hace en el aula!

-La verdad aún el aula más intranquila no me hace pensar sea antesala del Infierno. Decididamente, a mi nada me parece mal, yo serviría de maestra para los niños más majaderos del mundo, porque no me asusto con nada, ¡he sido más mala que ellos!

-Si este librito llegara a manos de los inspectores, quisiera comprendieran nuestro nerviosismo incomprensible, ya que cumplimos con nuestro deber y al ausentarse del aula, dejasen en nosotros la sensación de sabernos comprendidas, ¡somos nosotras las que luchamos con todas las dificultades! ¡Qué sintamos deseos de sus visitas! Por ser comprensivas y auxiliadoras y así los alumnos se beneficiarían mucho. Sé lo orgulloso que se sienten cuando al irse dejan palabras de luz y aliento ...

Créanme todos son buenos, aun ésa que me hizo estremecer con su frase ... Creí que nunca se lo podría perdonar, pero al otro día la vi tan amable, ¿se olvidaría que estaba hablando con Lucifer? ¿Estaría confundida? ¡No sé, pero si sé que ya la perdoné!

MÉDICOS VISITADORES

-Nuestros médicos visitadores, tanto los de cirugía dental como los de medicina, son dignos de esa admiración y respeto que tanto nos place ver en ustedes.

-Estudiaron muchos años para ser lo que son ... y jamás terminan de estudiar.

-Inclinados sobre esas revistas, esos libros que constantemente les llegan, ¡se mantienen al día con los últimos adelantos de la Ciencia!

-Sé cuánto les gusta verlos llegar, piensan de inmediato en sus explicaciones tan interesantes auxiliados por un material atrayente y escogido.

-Me agrada vuestras interrupciones respetuosas tratando siempre de recibir más luz … Y es justo que al terminar ellos esa admiración de ustedes … se prolongue en aplausos.

-Bien saben, que no van solos a escucharlos, vamos nosotras también, no con la idea de cuidarlos a ustedes, ¡sabemos que no hace falta! Vamos por nosotras mismas para aprender, algunas veces vemos nuestra clase reforzada y cuando nos reunimos de nuevo es muy sabroso decir: ¿Ven, que tenía yo razón?

-Son sus clases tan bonitas, tan interesantes, que las maestras nos miramos y luego nos preguntamos: ¿Además de médicos son también maestros?

COMO SE HIZO ESTE LIBRITO

-Ustedes no saben a qué hora he hecho nuestro librito, ¡por la madrugada! Yo no tenía derecho a abandonar las cosas de mi casa, sin embargo los últimos días sí robé horas a mis labores hogareñas, ¡no pude hacer el vestidito de mi niña, ni pude estrenarme el vestido blanco el 20 de Mayo! Ni … ¿para qué hablar? Dejé de escribir a mis padres y solo unas líneas hice: pidiendo perdón, pero que vieran en un librito que les iba a mandar las cartas que no escribí.

-Bien, déjenme seguir con mi 'tema':

Un día me levanté impulsada por mis
pensamientos, se me ocurrió mirar el reloj, era la
1:30; me asusté tanto que más nunca miré el reloj.
Les digo que yo parecía un fantasma en la oscuridad,
descalza ... no porque mis zapatillas no me quedaran
holgadas y buscara con eso evitar deformaciones a
mis pies, ¡no!, es que yo no podía molestar a los
vecinos de los bajos, ¿ven? Robé para él mis horas de
descanso, aproveché mis desveladas, esas desveladas
en que me acostumbré a pensar en ustedes, y
después cuando empecé a narrarlas por escrito me fue
fácil dejar en el papel lo ocurrido en el aula o lo que
yo había tratado ocurriera.

Alguien que lea mi librito pensará: 'esa no es
maestra, ¡esa es cuentista!'. Quizás una cuentista sí
(no hay nada más lindo que contar cuentos) pero en
vez de salvar mi vida como alcanzó aquella que en
"Las Mil y Una Noche", hacía los cuentos a un sultán,
yo se las estaba salvando a ustedes ... que venían
cansados bostezando ya antes de empezar las clases.
Y así contaba algo, a veces la introducción resultaba
más larga que el desarrollo y solo cuando los veía reír,
¡despiertos!, me decía: 'Comienza Emilia, ahora es
cuando puedes explicar lo que querías'.

-Para contar cuentos hay que soñar mucho, mucho,
después parece increíble el poder del pensamiento; los
sueños lo impulsan a uno a realizarlos ...

-¿Continúo con mis sueños? ¡Si este libro se
vendiera! Yo pensé sacarle su costo poniéndole
anuncios o vendiéndolo y mi primo (que es el gerente

de la editora que lo imprime) me dijo cuando se lo propuse:

-¿Vender tu primera obra?

-Yo ni contesté, pensé: ¡y la última!

Espero que de ahora en adelante como ya vi realizado un sueño, al empezar las vacaciones duerma todas las horas, ¡con este librito me habré curado de mis sueños despierta!

Pero mientras llegan esos días ...

-Muchachos, y si después de leído esto por alguno de conciencia adormecida nos diera una escuela como aquella que yo tuve y he ansiado para ustedes en mis sueños ... o si un productor de películas cogiera este librito y lo volcara en una cinta, esos pasajes de mi aula que son mi orgullo; ¡bien alegre! Pero que en otros se notara el vibrar, el ansia de todas las maestras de Cuba. ¿Sigo? El dinero que diere la película serviría para cubrir gastos y además para hacer la escuela.

-¿Han visto? Falta de mi mesa el busto de Martí. Lo llevé para mi casa, el mío se rompió, necesitaba cuando escribía tenerlo frente a mí, me agradaba, pareciéndome a veces, impulsaba mi plumita ...

-Cuando terminé parte de mi trabajo, me fui temerosa para la imprenta, queriendo sentir en ese momento, la importancia que tiene para mí un escritor, puse en esta carpeta todas esas hojas. Vestí la blusa blanca de cuello alto con mangas tres cuartos, la saya de cuadritos y mi carpeta bajo el brazo, les aseguro ¡me sentí importante!

-Pero cuando abrí la carpeta, (emocionada) para dar las hojas a mi primo, me dijo:

-¡Oye, cuando escribías esto estabas despierta o dormida!

-¡Dios Santo! ¡Qué despertada me dio él!

Me reí mucho, pero después, muy seria le dije:

-No te rías, es cierto, lo hice despierta y dormida

Sigue nuestra conversación.

-¿Cuántos libros quieres imprimir?

-¡Veinte! (me dije mentalmente, a menos libros, menos costo)

Adivinando mi pensamiento, se echa a reír.

-Lo mismo te cuestan 50 y un poco más 100.

-¿De veras? ¡Ay, pero yo escribí tanto que hoy sobrepasa a las líneas que aquel día llevé. -¡Ya tengo regalado muchos y dedicados!

Sé que uno lo llevaré a una empleada de una tienda porque es como una campanita de límpidos sonidos trasmitiendo su alegría a esos que tienen el gusto de comprarle.

-Prepárense ustedes, vuestra dedicatoria irá al final del libro porque será el remate de vuestra presentación para él.

YA ME DIO SU FRUTO

-¿No podemos poner nosotros algunas líneas en el libro que se va a imprimir?

-No se apure usted, que cuando yo sea grande verá que la escuela ésta va a ser de ocho pisos.

-Quise darle mi puesto a una señora; pero la cantina de comida que yo llevaba estaba caliente y pesaba mucho.

-¡No nos lea más de lo que escribió! ¡Yo quiero leerlo en el libro!

-Esto pondría yo en su libro: "La autora de este libro no lo escribió solo con su pensamiento sino con el corazón".

Mi hijo mayor vino muy despacio, leyó y después entre los títulos, motivos de mis escritos, al lado de: "La madre …", dijo esto: ¡El mayor tesoro del mundo!

Ella, la reinecita de la casa.

-No te apures mamá, todo el mundo va a querer tu librito.

Para los niños escribí y ver al de la camisa desabrochada en clase con la camisa cerrada y los otros con sus risas, sus frases serias, con sus sueños, continuación de mis sueños, me digo:

Ya voy recogiendo el fruto, ya he tenido la mejor recompensa y ésta me sabe, ¡palabra!, me sabe a ¡medalla de oro prendida en mi pecho!

MIS ÚLTIMAS PALABRAS

Decididamente que al escribir estas palabras comprendo que me va a ser un poco duro ese fin de curso, ¡con mi librito se acaba el curso más lindo de mi vida!

-Me va a resultar un poco difícil eso de verlos marchar ...!Pero bueno, así tiene que ser!

Siempre he pensado que los maestros son como las flores, cada curso que se va es un pétalo que se cae. Cuando esa flor se queda sin pétalos es porque se acabaron los cursos escolares, pero no se puede sentir lástima, tampoco dolor. ¡Es después que se caen los pétalos cuando el fruto surge! ¿Recuerdan cuando estudiamos la maravilla de la flor?

Ojalá que a mí llegue la gloria de verlos vencer en la vida formando una familia, darle honor a su Patria y no ser una carga para ella.

-Recuerden, tienen mucho que estudiar, mucho que leer, mucho que trabajar y han de cuidar su salud.

-Cuerpo y mente cultiven con esmero, porque ustedes no saben en qué forma han de ser útiles a su Patria.

25 de Mayo

DE NUEVO CON USTEDES

Creí que mis últimas líneas serían esas que hice el 25 de Mayo, no sé, después sentí que mi libro no tenía final, si no conversábamos del 'Fin de Curso', ese que llega acompañado ceremoniosamente del Señor "Examen".

-Muchachos, quiero contarles como fueron para mí siendo niña, después como madre y maestra.

COMO NIÑA

En primer lugar, nunca recibió aquella prueba final el nombre del examen, era conocido como "Tercer Reconocimiento". Íbamos a él como todos los días, pero sin libretas, no había en mi aula personas extrañas, solo la maestra buena de todos los días, eso sí, un poquito más seria, quizás más alta. El papel donde escribíamos era el de todos los días. Muy importante se sentía la niña designada por la maestra para repartir las hojas.

Días más tarde, después de calificados los trabajos, se repartían; entonces veíamos nuestros errores, hacíamos una auto-crítica en voz alta, a voluntad, otras, ni las enseñaban. ¡Jamás dijo la maestra algo que nos produjera bochorno!

Escribía los nombres de las asignaturas en la pizarra, ordenábamos de acuerdo con ello nuestras hojas y copiábamos además poniendo a continuación las calificaciones, dividíamos entre el número de asignaturas para hallar el promedio.

La libretica formada era cosida y la primera hoja con nuestro nombre y demás datos era también decorada.

-¿Ven ustedes? Comprobábamos todo lo realizado, es muy agradable eso de saber lo bueno que se ha hecho, pero mejor todavía ver las faltas, para no volver a caer en ellas.

Ese es el hermoso recuerdo que guardo como niña de los Reconocimientos y de aquel Tercer Reconocimiento último en mi escuela adorada, en la que yo misma comprobé, la puntuación no me hacía ganadora de la medalla ansiada.

COMO MADRE

Pues sí, como madre resulta muy interesante también, cada día viene el niño con más noticias.

-Mamá, el examen es tal día …

-Mamá, se el examen no es bueno repetiré el grado ..

-Estoy cansado mamá, ayúdame con el repaso

Y allá van madre y niño, ella a recordar lo aprendido, a sentir dolor de cabeza, a ponerse nerviosa viendo que hay cosas que el niño no comprendió y que ahora no puede en unas horas hacer que asimile. ¡A sufrir por los dos, por su hijo que ama con toda su alma y como madre!

El orgullo de madre que quiere que su hijo salga triunfador en esa prueba.

Jamás recuerdo, tuviera mi madre que hacer conmigo ningún repaso y por tanto no podía sufrir viendo como no andaba su hija, bien e todas las cosas. ¡Esa pena nunca la tuvo! ¡No hizo falta repasar con su hija!

Aprendidos tenía yo, los temas hechos por mi. Los que redactaba ligeramente, el resultado era ligero, también en esas asignaturas que no me agradaban. ¡No es posible pedir en un niño sobresaliente en todo!

Por algún lado va a escapar él después, cuando decida ya adolescente en un estudio guiado por sus aptitudes señalando su vocación: sacerdote, maestro, ingeniero, médico, carpintero, músico, pintor; en fin, todos los hermosos caminos que pueden ellos libremente escoger.

COMO MAESTRA

Estando de maestra ya en mi segunda escuela, me asombró la llegada de un inspector a principios de mayo, venía a tomar nota de los niños que pasarían de grado. Esa visita de 'comprobación' me hizo abrir la boca; me parece verme y sentir lo que sentí dentro de mí.

Naturalmente que este buen señor tiene que visitar tantas escuelas, ¿habrá empezado por la mía? ¿Tendrá en cuenta que esta es una 'escuela de paso' y que soy la tercera maestra?

¡Llegué a fines de enero, acaba de pasar una epidemia de gripe y sarampión! ¡Que afán mío el de siempre buscar una justificación!

Muy distinto fue todo. Puso a los niños a leer uno por uno, etc., él mismo sacó el promedio e indudablemente bajó mi calificación, se lo noté en la cara. No me interesó, lo que sí me conturbó fue !las caras de mis niños al ver ante ellos una cara extraña examinándolos!

Desde entonces recuerdo siempre sus rostros; ¡no fue la que tuvimos mis compañeras y yo en reconocimientos pasados. Constantemente me hacía una pregunta: ¿Por qué cuando yo era niña no venían los inspectores a examinar?

¡Ahora me entero! En el siguiente curso del mismo año donde yo terminé mi enseñanza primaria llegó una circular marcando un nuevo rumbo. No es cosa de actualidad, fue en pleno machadato, y esto desde entonces nada ha cambiado.

Una vez en mis nueve años, en una central que vi construir, se me ocurrió un día ir a casa de un pariente que quedaba como a dos cuadras de mi casa; al llegar noté silencio, ¡no había nadie! Se fueron a la finca, pensé. Vi una ventana abierta que tenía balaustres de hierro y pude escurrirme fácilmente pues mi desarrollo era poco. Ya dentro miré, ¿qué podría hacer para que supieran que había estado alguien allí?

Todo lo que pude lo viré al revés, las sillas, los sillones y los floreros, la mesa con las patas arriba, ¡lo que me permitieron mis fuerzas fue puesto al revés!

Lo contemplé y no me gustó, pero me reí, pensé en el susto de mi familia cuando llegara …!Ay! Desde entonces siempre me ha gustado eso de poner cosas al revés con el pensamiento, ¡claro!

En la playa al ver a las manejadoras hacinándose doblemente con el sol y con el calor que trasmite la arena, las visto de señoras y a las señoras de manejadoras. ¡Yo misma me he hecho cada conversión que al volver a la realidad, he hecho muy buenas rectificaciones!

Ese mismo impulso sentí en este último examen final. Con un solo movimiento de mi mano a los niños los levanté de sus pupitres, los vestí de adultos; a las niñas con tacones, a los niños con saco, repartí nombramientos de Maestros a Inspectores, y a los maestros e inspectores los vestí de corto con zapatos bajos, escarpines, de uniformes; ¡me sonreí con el cambio! No se veían mal. Con la imaginación privé a esos niños de la tensión nerviosa a que estaban sometidos, esa que yo también sentí, pero ya adolescente en una Escuela Normal.

La verdad es muy triste. Los maestros vencemos nuestros programas, los damos íntegro, ¿no serán éstos demasiados largos para la labor que diariamente se rinde? Y los niños, ¿lo vencen aunque tengan sus libretas al día y nos parezca que han asimilado?

Las madres, maestros y niños son héroes de esta época. ¿Final? ¡Extraordinario, aunque no es el que merecen esos héroes!

Hagamos un estudio de las cosas como están:

Una sola sesión en la que maestros rinden una labor de enseñanza común, maestros especiales, unos niños que llegan tarde o faltan por distintas causas:

Primera: las madres trabajando, algunas llegan a sus casas cuando el niño tiene ya que estar en camino a la Escuela y a esa hora preparan el almuerzo. Ese pequeño se disgusta, la madre también, finalmente el chico se escapa y llega sin almorzar a la Escuela, o no va.

Segunda: Algunos niños trabajan y están en el trabajo hasta más de las 12

Tercera: Como pierde clases no pueden rendir buena labor

Cuarta: Los padres no se sienten con valor ante sus hijos cansados, para hacerlos estudiar remediando tal vez todo.

Ustedes menos uno pasarán por esa ancha puerta con su certificado y este librito que yo les regalo; y el otro pasará también pero con el librito solamente, pero en septiembre volverá a nuestra escuela para buscar su certificado, lo ayudaré. Los maestros son como el ejemplo expuesto por Jesús.

¿Qué pastor que cuide un rebaño puede seguir adelante si ve que una oveja se queda atrás?

Madres, niños y maestros son buenos nadadores, y nadan con valor y coraje en un mar bravío, pero han llegado a un remolino donde nadan y piden auxilio desesperado.

Se me ocurre muchas ideas pensando en las cosas actuales, entre esas pienso que al "Señor Examen" debe llevársele para que se remoce, ¡es tan viejito! Lo vestiré elegante con un precioso ajuar de viaje y muchas maletas, algunas vacías. Invitaré a todos los niños de Cuba y todos reunidos iremos al aeropuerto a despedirlo. Lleva en su cartera pasaje con derecho a recorrer el mundo entero, que sea un viaje lento … para que recoja con todo cuidado en todos los pueblos muchas innovaciones, y llene así sus maletas vacías. Y al llegar las abra, ante todo un pueblo, que guarda con celo, esas palabras de un hombre que nació en esta tierra:

-¡Los niños son la esperanza del mundo!

10 de Junio de 1954

POEMAS

Escritos por Emilia para Raulé

Habana 1961

ANTES DE DORMIR

Ven mi Chinito, ven
ya tienes que dormir;
pero antes tus manitas
quiero mirar y oler …

Tus manos limpias
a jabón huelen
¿y tu boca?
Tus dientecitos blancos
tu boca a mente huele …!

Pero escucha, ¿no oyes?
Por allá viene el señor cepillito
Brincando cantando:
Soy el cepillito
que vengo a cepillar
las perlas de tu chiquillo
Tra la ra Tra la ra!

Vete pronto cepillito,
Te equivocaste hoy,

Pues en las perlas de mi niño
¡microbios no hay!

Duérmete mi niño; ¡que contenta estoy!
Duérmete mi vida; ¡que feliz estoy!

En Vacaciones

¡A DORMIR!

Ven mi chinito, ven, ven,
ven mi negrito, ven, ven,
la tarde ya pasó
la noche ya llegó.

Hay que descansar
para ... poder mañana (hablando)
brincar y saltar.

Ven mi chinito, ven,
para ti el día ya pasó,
pues la noche ya llegó.

Oye si hoy jugaste y perdiste ...
ya pasó

si no jugaste y lloraste …
ya pasó.

¡Vamos a dormir!
Descansa tesoro
Sueña lindo mi amor
Duerme mucho, duerme
duerme, duerme

Notas:

Dejar caer como gotas para que así váyase formando en el niño el concepto del tiempo: ayer, hoy, mañana, tarde, día, noche

Puédase al conversar como preparación lo que es el día como éste puede finalizar con sus actividades, pero no en los mayores.

!CUANTAS COSAS EN EL MUNDO HAY!

Que alegría el día casi pasó,
que alegría la noche llegó.
Ven mi chinito, ven,
es la hora de dormir
muy lindas cosas te voy a contar
sin darte cuenta el sueña va a llegar
Escuela: En el mundo nuestro
                muchas cosas hoy:
Tres principales: tierra, agua, aire
¡en ellos viven tantos seres
que no se pueden contar!
Unos chirriquiticos
            no se pueden ni ver!
Otros chicos, medianos y grandes

Pero entre todos uno principal:
el Hombre, la Mujer, Tú.
Duérmete mi amor
que ya serás grande
duérmete querer
duérmete mi amor
duérmete querer

Notas:
Sobre las proporciones

CONTANDO –CANTANDO

Esta mañana muy tempranito vi
una hormiguita por la tierra caminar
me detuve en mi pasear, para mejor mirar.

Ella que ufana y presurosa iba
¡y llevando carga tan pesada!
La seguí y seguí …
En su casa se metió
no la pude alcanzar …

Más tarde, en mi caminar yo vi
una ranita graciosa, que brincaba y brincaba
en un charquito que la lluvia dejó.
De verdad que alegre brincaba
de aquí para allá, de allá para acá
¿para jugar? ¿O buscar que comer?
¡Y así saltó tan alto que una mosca atrapó!
¡Ay la lagartija mirona corrió a todo correr
de miedo que seguro que le entró
¡Mañana, te seguiré contando –cantando!

El mundo es tan bello
El mundo es tan grande
Duérmete chiquillo
Pues tengo que hacer
Duérmete mi vida

Duérmete quiero …

Nota:

Al cantar esto puede aprovecharse la oportunidad de comparararla con los padres que trabajan incansablemente para llevar todo para su casa.

CONTANDO –CANTANDO

Mi chiquito ayer te hablé
de la hormiguita
que por la tierra iba
De la ranita en el charco
de la lagartija

Pues hoy te contaré
me fui al río, remaba
feliz y contenta …
cuanto saltó un pequeño pez
viré rápido, ¡no lo pude alcanzar!
El sin miedo nadaba
hacia el ancho mar …

-Pequeño pecesito –me dije:
¡Ojalá no te coman
los grandes animales
que allí hay!

Duérmete mi chinito …
Duérmete querer …
Ya nos iremos mañana
hacia el mar
a nadar, a remar …
a nadar, a remar …

CONTANDO –CANTANDO

Me gusta pasear por el campo
me gusta ir por el río
y si hubiera un lago cerca
al lago iría.
¡Me gustaría ir a las grandes
represas que en mi tierra ya hay!
¡Me gustaría ir a la playa
y me gusta navegar por el ancho mar!

Pero también me gusta ir
por las calles que tienen jardines
que los padres cuidan
y los niños respetan …

¡Hoy vi gorriones! ¡Que algarabía!
Y vi mariposas y abejas
Volando, volando de una flor
volando, volando de una flor
a otra flor.

Duérmete mi Chino, duérmete mi amor
y sueña lindo con los seres buenos
¡que en el aire, agua y tierra hay!

CONTANDO –CANTANDO

Mi niño, es hora de dormir
¡que lindo es el mundo en que vivimos!
El campo es bello
allí pasta la vaquita
que te da leche
y de ésta queso, yogurt y mantequilla

Antes que te entre sueño escucha:
Los animalitos chirriquiticos,
hay algunos muy buenos …
Se unen como en brigadas
unos limpian, otros en
los jugos de frutas se meten …
hacen entonces vinos,
vinagre, cerveza o pan …

El hombre que es sabio
los toma, los mete aquí, allá …
A los chirriquiticos malos, mata …
Así alcanza el equilibrio necesario
en este mundo maravilloso
para vivir en paz …
¡Duérmete contento ricura!
¡Duérmete feliz mi amor!

CONTANDO –CANTANDO

Ayer te dije que vi:
Abejas, mariposas, gorriones;
pues como ellos que vuelan
¡tantos, tantos hay!
Algunos muy grandes vuelan
tan alto, tan alto,
que parece no se pudieran alcanzar;
pero ¿el hombre? ¡Si que puede!
Montado en un avión
¡hasta la luna llega, y más …!

¡Vamos a dormir! Así muy fuerte serás,
y cuando seas grande
con tus hermanos
¡al que no sea libre darás libertad!

Al fin tus ojos se cierran …
Tu boquita de dicha sonríe …
Descansa, mi niño,
Duerme, sueña lindo mi amor.
Yo se que al mundo este tu darás
amor y paz, paz y amor
amor y paz, paz y amor …